VOYAGE

DE DEUX AMIS

EN ITALIE.

VOYAGE

DE DEUX AMIS

EN ITALIE

PAR LE MIDI DE LA FRANCE,

ET RETOUR

PAR

LA SUISSE

ET LES DÉPARTEMENS DE L'EST.

Rien pour l'observateur n'est muet sur la terre :
L'univers étonné devient son tributaire.
S'élancer au hasard, tout voir sans rien juger,
C'est parcourir le monde, et non pas voyager.
MILLEVOYE.

PARIS,

IMPRIMERIE DE H. FOURNIER,
RUE DE SEINE, N. 14.

1822.

PRÉFACE.

Nous avons projeté et nourri pendant deux années le voyage que nous venons de faire dans la plus intéressante contrée de l'Europe, dans cette terre que tout homme est tourmenté du désir de voir ou du regret de n'avoir pas vue. Nous n'avons qu'à nous féliciter de notre entreprise, et en faisant imprimer pour nos amis la relation de notre journal, nous n'avons point la prétention de leur offrir un ouvrage où les charmes du style puissent compenser l'aridité des détails, la sécheresse et la monotonie des descriptions. Nous ne voulons que leur faire connaître l'itinéraire que nous avons suivi, et chemin faisant leur communiquer les notes et observations que nous avons recueillies dans nos courses, et dont l'exactitude constitue peut-être tout le mérite.

L'Italie, cette antique patrie de héros, cette mère-patrie des arts, offre tant d'objets intéressans et réveille tant de souvenirs, qu'il ne faut point s'étonner de la quantité d'étrangers qui se plaisent à la visiter. La beauté du ciel, la richesse des sites, les chefs-d'œuvre des arts, les restes imposans de la grandeur et de la magnificence des Romains, les phénomènes admirables de la nature, etc. : que de motifs attrayans pour les attirer dans ce pays.... et les y fixer !...... Joignez-y le bon accueil qu'on y reçoit, la facilité des mœurs et le bon marché des vivres, et vous aurez tout le beau côté de la médaille. Le revers vous offrira les ennuyeuses et continuelles formalités de police pour les passe-ports, les perquisi-:ions vexatoires des douaniers, la misère et la saleté du peuple.

Notre voyage a duré près de cinq mois, pendant lesquels nous avons parcouru une étendue de pays de 15 à 16 cents lieues, et passé par tous les contrastes possibles. Les feux et les cendres brûlantes du Vésuve, les neiges et les glaces du Montanvert; l'aride et déserte campagne de Rome, la riche et fertile plaine du Milanais : les bords enchanteurs des lacs de Garda, de Como et de Genève, les rochers arides du littoral de la Méditerranée; les étuves sulfureuses des environs de Naples, les montagnes neigeuses et les eaux glacées des Alpes ; le gouvernement inquisitorial des états sardes et autrichiens, la libre indépendance des cantons suisses et de la Toscane, etc!....

Fidèles à cette maxime du poète :

Rien n'est beau que le vrai, le vrai seul est aimable,

nous n'avons cherché ni à exalter ni à déprécier les objets. Nous avons admiré ce qui nous a paru admirable, et critiqué ce qui nous a semblé défectueux. Mais chacun jugeant suivant son organisation, suivant ses études ou ses préjugés, les jugemens doivent beaucoup varier : c'est ce qui arrive en effet, surtout quand on se laisse aller aux premières impressions, et qu'on ne voit les choses que

sous une seule face. Tel qui s'extasie à la vue
de la campagne nue et déserte de Rome, pro-
bablement à cause des grands souvenirs qu'elle
réveille, n'éprouve que de légères émotions
devant les étonnantes merveilles du Montanvert et de la vallée de Chamouny, parce
que rien d'historique ne s'y rattache.

Celui qui veut voyager avec fruit doit s'attendre à bien des privations; la fatigue ne
doit point le rebuter; il faut en endurer de
toutes les manières : et comme tout se com-
pense ici-bas, le plaisir vous dédommage
de la peine. Constamment favorisés d'un beau
temps, nous avons affronté avec un égal
bonheur la chaleur étouffante du midi et du
centre de l'Italie, et le froid glacial de la sommité des Alpes, les flots courroucés de la
Méditerranée, et les effluves pestilentielles
de la campagne de Rome.

Trois parties composent ce Voyage. Dans
la première nous parlons de notre itinéraire
de Paris à Nice par le midi de la France; la
seconde, qui est la plus étendue, renferme tout
ce qui est relatif à nos excursions en Italie;
et la troisième traite brièvement de la Savoie
et de la Suisse.

Beaucoup d'auteurs ont écrit sur l'Italie : c'est à eux qu'il faut recourir si l'on veut avoir des notions plus étendues sur ce pays que nous n'avons, pour ainsi dire, fait qu'effleurer. Le Voyage de Simond, que nous avons parcouru depuis notre retour, nous a paru très-exact et écrit en conscience : on le lit avec plaisir, à cause de l'heureux mélange des matières dont il traite, et des faits historiques dont il a persemé sa narration simple et concise. Madame de Staël a écrit *Corinne* sous le feu d'une inspiration poétique, remplie d'enthousiasme ; et dans sa *lettre à M. de Fontanes* et dans quelques autres fragmens, l'illustre auteur du *Génie du christianisme* se fait remarquer par une brillante description de Rome, de Tivoli et du Vésuve. Quant à Dupaty, tout le monde le connaît : s'il est enflé et pompeux, il fait souvent preuve d'un bon jugement. C'est le plus enthousiaste de tous ; mais aucun d'eux n'a traité le sujet à fond.

Quant à nous, comme nous n'avons point écrit notre journal pour le public, et que nous n'avons pas la vaine prétention de nous mettre en parallèle avec les auteurs ci-dessus cités, nos amis voudront bien suppléer par l'indulgence à ce qui manque de clarté, de correction et d'élégance à notre narration, que nous donnons telle quelle. Faire beaucoup mieux eût été possible ; mais deux puissans mobiles nous ont manqué pour cela : le *temps* et le *talent*.

Si vires desint, tamen est laudanda voluntas.

JOURNAL

DU 30 MARS AU 20 AOUT 1828.

———•◦•———

PREMIÈRE PARTIE.

———•◦•———

DE PARIS A NICE, PAR LYON, AVIGNON, MARSEILLE ET TOULON.

Du 30 mars au 18 avril.

Partis d'Évreux le 23 mars, nous vînmes terminer à Paris nos préparatifs de voyage; et après avoir vu l'exposition des tableaux au Musée, et assisté à une séance intéressante de la Chambre des députés, nous prîmes la diligence de Lyon, par Dijon, le dimanche 3o mars, à neuf heures du matin. Toute la journée fut froide et pluvieuse : ce qui ne pouvait qu'augmenter notre désir, notre *sacra fames*, d'aller visiter le beau ciel de l'Italie.

Avant Melun, nous traversàmes un pays fade, qui ne dit rien à l'imagination ; nous vîmes ensuite Montereau, où notre cœur tressaillit en nous rappelant la brillante victoire que nos troupes y remportèrent sur les Autrichiens en 1814 : paysage moins triste, plus varié, jusqu'à Villeneuve-la-Guiard, où nous fîmes un bien mauvais dîner ; mais, par compensation, nous fûmes servis par une fort jolie fille. A neuf heures du soir, nous remontâmes en voiture, et la lune, brillant de tout son éclat, nous permit de jeter en passant un coup d'œil sur les villes de Sens, de Pont-sur-Yonne et de Villeneuve-le-Roi.

Le 3r mars, nous étions, au point du jour, à Joigny-sur-Yonne, où on nous fit attendre les relais : c'était nous rappeler *le Collatéral* de Picard. A neuf heures, nous arrivâmes à Saint-Florentin, bourg de chétive apparence, où nos estomacs tremblaient pour le déjeuner ; mais, ô surprise !... au milieu des charcuteries du pays s'élevait fièrement un superbe pâté aux truffes, qu'en voyageurs affamés nous attaquâmes avec vigueur. Continuant ensuite notre route, nous sommes venus gagner Tonnerre, pays vignoble, bien arrosé, puis Ancy-le-Franc, puis Montbard, patrie du célèbre Buffon, où nous fûmes fort bien traités. Cette seconde journée de marche a été belle, mais froide, et nous avons presque toujours cotoyé le canal de Bourgogne, qui traverse un pays triste, sauvage et presque désert.

Le 1er avril, au petit jour, nous nous trouvions à Chanceaux, lieu célèbre par ses confitures d'épine-vinette, et un peu plus tard à Sainte-Seine, autre bourg près duquel le fleuve du même nom prend sa source. Nous montâmes à pied la longue côte au bas de laquelle il est bâti, et nous vîmes plusieurs sources s'échapper des flancs de la montagne. De tout ce territoire, le plus élevé de France, les eaux pluviales se rendent, partie dans l'Océan, et partie dans la Méditerranée. Nous vîmes ensuite le Val-de-Suzon, un des sites les plus pittoresques et les plus romantiques du royaume : Suzon est un petit village encaissé au milieu de montagnes élevées, couvertes de bois et de rochers à pic, plus ou moins arides, au pied desquels un torrent coule avec fracas.

De là, en deux ou trois heures de marche, nous arrivâmes à Dijon, ville charmante, située au confluent de l'Ouche et du Suzon, dans une plaine aussi jolie que fertile : après y avoir séjourné deux heures, nous reprîmes nos places dans le phaéton Laffite et comp., où de bons coussins élastiques nous faisaient supporter plus patiemment la longueur du voyage ; et, suivant la côte si renommée par l'excellence de ses vins et traversant une contrée riche et bien cultivée, nous vîmes successivement Nuits, Beaune et Chagny. A la fin du jour, nous étions à Châlons-sur-Saône, belle ville, bien bâtie, où l'on voit le magnifique canal du Centre, qui réunit la Saône à la Loire.

Le 2 avril, à six heures du matin, nous mîmes pied à terre à Mâcon sur un très-beau quai : cette ville est assez jolie, et pittoresquement située sur les bords de la Saône : le marché y est alimenté en grande partie par les paysans de la Bresse, dont les habitudes et le costume sont très-originaux : les hommes, avec la gravité de sénateurs romains, conduisent des chariots attelés de deux bœufs, dont ils règlent la marche pesante au moyen d'un bâton de huit à dix pieds. Les femmes portent, par-dessus une espèce de bonnet, un petit disque de feutre noir, pas plus grand que la main, et de la forme d'un chapeau d'homme.

De Mâcon à Lyon, la route est très-belle : on cotoie presque toujours la Saône, dont les rives sont riantes, fertiles et animées ; et après avoir passé par Villefranche et Anse, qui en sont séparées par la plus belle lieue du monde, et vu à gauche le Mont-d'Or et le beau vallon de Rochecardon, nous fîmes notre entrée dans la seconde ville du royaume sur les cinq heures du soir. Descendus au grand hôtel *du Nord*, nous nous empressâmes, après notre diner et une petite promenade dans la ville, d'aller goûter les douceurs d'un repos complet, dont nous avions été privés depuis quatre jours et trois nuits.

LYON.

Du 2 au 4 avril.

Ville commerçante et industrielle, Lyon offre peu de monumens publics à visiter et à citer : le mouvement de la population y est de même qu'à Paris, et c'est entre les deux grands fleuves qui l'arrosent qu'il est principalement concentré : les quais du Rhône sont superbes, et les maisons qui les bordent étonnent par leur élévation. Sur un de ces quais se trouve le grand Hôtel-Dieu, le plus bel hôpital peut-être de toute la France.

L'hôtel-de-ville est à citer, ainsi que la place Bellecour, au milieu de laquelle est la statue équestre de Louis XIV, érigée en 1825. De cette place, qui est fort vaste, on aperçoit Fourvière, haute montagne sur laquelle est une chapelle très-fréquentée des dévots, et dédiée à la Vierge, sous le nom de Notre-Dame-de-Fourvière : dans l'intérieur de cette chapelle, nous vimes suspendus de tous côtés des milliers de *vœux* : ce sont généralement de fort mauvais dessins ou de tristes peintures, représentant, ou le malade au lit, entouré de sa famille, ou seulement les parties affectées du mal pour lequel le vœu a été fait. Du reste, si la montée de Fourvière est rude et pénible, on en est dédommagé par la perspective imposante dont on y jouit : c'est là qu'il faut gravir pour dominer à la fois sur tout Lyon, sur le Rhône et la Saône, et sur de belles et vastes campagnes, bornées à l'horizon par plusieurs chaines de montagnes. Les environs de la ville sont très-beaux ; mais les rues du centre sont sales, étroites et tortueuses.

Il y a beaucoup de ponts de communication entre les divers quartiers : le plus remarquable par la hardiesse de sa construction est le pont Morand, qui conduit aux Brotteaux, promenade vaste et très-fréquentée : nous y vîmes un monument expiatoire, d'un style simple, non encore achevé, en mémoire des innocentes victimes de la révolution.

Nous ne pûmes aller, ni au grand théâtre, ni aux Célestins, à cause de la semaine Sainte. Force nous fut de

passer nos deux soirées au café. La plupart de ces établissemens, surtout ceux de la place des Célestins, sont
richement et élégamment ornés : on y voit généralement beaucoup de *fumeurs;* et, généralement parlant
aussi, les Lyonnaises nous ont paru bien faites, et mises
avec goût.

DE LYON A AVIGNON (60 lieues).

4 et 5 avril.

Le vendredi saint, à quatre heures du matin, nous
montâmes, par un beau clair de lune, dans une ber-
line neuve, élégante, traînée par trois chevaux de
front : nous sortîmes par le pont et le faubourg de la
Guillotière, et, en trois heures et demie, nous arrivâmes à Vienne. La route nous a paru variée, agréable,
offrant presque toujours le Rhône en perspective avec
les nombreuses maisons de plaisance qui en ornent la
rive droite.

Vienne est pittoresquement située sur la rive gauche :
une partie de la ville est fort montueuse, et sa cathédrale, qui est en style gothique, est un beau vaisseau
dans le chœur duquel on lit cette inscription : *Les habitans de Vienne à Jésus-Christ pour toujours.* Une dame quê-
teuse se trouvait à l'entrée de la nef, et, par des coups
répétés sur un récipient métallique, et avec un regard
qui n'avait rien de chrétien, nous engageait à lui faire
notre offrande. Du reste, nous rencontrâmes dans la
ville plusieurs jolis minois.

De Vienne à Saint-Vallier, la route est plus agreste,
et de ce bourg à la ville de Tain elle est resserrée,

d'un côté, par de gros rochers à pic sans verdure, et de l'autre par le fleuve, dont le cours est très-rapide. Nous éprouvâmes dans ce lieu une chaleur étouffante que des tourbillons de poussière rendaient encore plus insupportable.

Tain est une ville assez jolie, bien bâtie, et où nous remarquâmes sur le Rhône un beau pont en fil de fer, qui la sépare de Tournon. Près de là est le fameux coteau de l'Ermitage, et non loin les célèbres vignobles d'Ampois et de Condrieux.

Après avoir passé l'Isère sur un beau pont nouvellement construit, nous arrivâmes à Valence sur les six heures et demie du soir, au moment où un grand nombre de fidèles se trouvaient réunis autour d'une croix de mission : nous les vîmes revenir processionnellement à l'église, et parmi eux nous remarquâmes beaucoup de *pénitens blancs*, espèce de congrégation religieuse qu'on trouve dans presque tout le midi de la France. Ils ont la figure masquée par un *domino* blanc qui leur cache aussi toute la taille, et ils accompagnent, nous a-t-on dit, les criminels condamnés au dernier supplice.

Valence est une ville de guerre qui a une belle citadelle : dans la cathédrale est le mausolée de Pie VI, par Canova.

5 *avril.* — Pendant la nuit, nous traversâmes Loriol et Montelimart, et, le matin, nous entrâmes dans le département de Vaucluse, où nos yeux commencèrent enfin à être récréés par la verdure : les haies étaient vives, les saules, les peupliers en belle végétation, et le temps superbe.

A huit heures, nous passâmes par Orange, où existe

encore un bel arc de triomphe élevé à Marius; et à onze heures nous fîmes notre entrée dans l'ancienne capitale des papes avec un mistral glacial (vent violent de nord-ouest). Nous descendîmes au grand hôtel *du Palais-Royal*, qui est parfaitement tenu.

AVIGNON.

6 et 7 avril.

Malgré le mistral qui soufflait avec force , et qui faillit nous enlever dans une de nos excursions près d'un immense *calvaire* nouvellement restauré , nous parcourûmes, non sans peine , tous les quartiers de la ville , dont le pavage est très-fatigant. La plupart des rues sont montueuses , étroites, irrégulières : nous vîmes cependant bon nombre de belles maisons et une nouvelle et jolie salle de spectacle. La ville est entourée de remparts , dont une grande partie suit le cours du Rhône. Les boulevards sont plantés d'ormes et de sycomores.

Le Jardin des Plantes est mesquin ; il nous fit néanmoins grand plaisir à voir : tout y était vert, et les rosiers en pleines fleurs.

Il y a un musée d'histoire naturelle assez bien garni ; et, au milieu de la salle, nous remarquâmes sur une table circulaire presque tous les recueils et journaux périodiques des sciences et des arts, dont chacun peut prendre lecture : un tel exemple devrait au moins être imité dans tous les chefs-lieux de département.

On compte trente mille ames de population à Avi-

gnon. Les femmes y sont généralement belles ; leur
figure est expressive, leurs yeux noirs et animés, mais
point de goût dans leur toilette.

Le peuple fume beaucoup, et le jeu de boules est son
amusement favori.

EXCURSION A LA FONTAINE DE VAUCLUSE.

Le jour de Pàques (6 avril), après avoir eu beaucoup de peine à nous procurer un mauvais cabriolet,
à cause de la solennité du jour, nous fîmes notre excursion à Vaucluse, distant de sept lieues d'Avignon.
Nous partîmes de bon matin, avec un temps superbe
que ne contrariait point le terrible Mistral, qu'Éole
retenait dans son outre. Le chemin est très-roulant,
très-uni, pierreux en quelques endroits, mais en
somme fort agréable.

Au sortir d'Avignon, on parcourt d'abord un long
bosquet de saules et de peupliers, au milieu de prairies
d'une belle verdure, émaillées de fleurs, arrosées de
ruisseaux limpides, et, par une petite montée, l'on
arrive à un village bâti en amphithéâtre sur un rocher. En descendant de ce village, on se trouve dans
une plaine remplie d'oliviers et de vignes : le chemin y
est bordé de haies vives, de mûriers, d'amandiers. On
passe à Châteauneuf, bourgade entourée de remparts
avec des restes de fortifications ; et par une belle avenue
d'ormes et de sycomores on entre dans la jolie ville de
l'Ile, située sur les bords rians de la Sorgue.

A l'entrée de cette ville, un hôtelier de bonne et
grosse mine, tenant l'hôtel de *Pétrarque et Laure*, vint

au-devant de notre voiture, et, par ses manières prévenantes et ses civilités empressées, voulait presque nous forcer de manger chez lui avant d'aller plus loin : nous tînmes bon, et, lui laissant notre voiture, nous nous rendîmes à pied à Vaucluse par un beau chemin tracé dans la plaine en contours répétés. L'horizon était borné de toutes parts par de hautes et arides montagnes, dont une entre autres se faisait remarquer par sa cime couverte de neige : la chaleur était forte.

Après avoir marché pendant une heure sous les rayons dardans du soleil, nous trouvâmes, sur notre droite, la rivière de Sorgue roulant avec rapidité ses eaux claires et limpides sur un lit de cailloux et d'herbes, à travers un vallon ombragé et flanqué de rochers garnis d'arbustes verts. Là, prenant un peu sur notre gauche, nous rasâmes une chaine de rochers arides, escarpés et bizarrement taillés, et nous parvînmes à un assez triste village : c'est Vaucluse, où nous vîmes une colonne d'une très-simple architecture élevée en l'honneur de Pétrarque.

Continuant de monter par un sentier étroit qui cotoie le torrent de la Sorgue, nous entrâmes dans une enceinte de rochers élevés et escarpés, où, sous nos pas, jaillissaient de tous côtés des sources plus ou moins nombreuses, qui, par leurs cascades répétées, leur choc tumultueux sur des monceaux de roches, troublent le silence de cette solitude, et impriment dans l'ame je ne sais quel sentiment d'admiration, d'étonnement et de mélancolie.

Toutes ces sources, en se réunissant, forment un volume d'eau considérable : c'est la rivière de la Sorgue, qui, large dès son origine, précipite le cristal de ses ondes sur le plus beau tapis d'émeraudes qu'on puisse imaginer, et qui, à une lieue de là, se divise en sept branches, toutes navigables, qui arrosent la délicieuse contrée de l'ancien comtat d'Avignon.

La fontaine se trouvant basse, nous permit de voir de près le gouffre imposant et silencieux d'où les eaux s'élancent, bondissent, écument et tonnent en se frayant un passage à travers les roches amoncelées pêle-mêle dans le torrent. Ce gouffre est incommensurable, et la limpidité de l'eau est telle que nous y vîmes tourbillonner des pierres pendant une minute. Il forme une espèce d'entonnoir effrayant à contempler; et les rochers jaunâtres et arides qui en forment les parois s'élèvent à pic en formant une concavité qui en double l'élévation à l'œil. Nous inscrivîmes nos noms sur ces rochers, dans trois ou quatre endroits; et comme la chaleur nous avait fortement altérés, nous nous rafraîchîmes avec délices à l'une des sources de la Sorgue, couronnée par un petit bouquet d'arbustes et de plantes d'un beau vert.

De retour à l'Ile, nous y fîmes collation, et, reprenant notre cabriolet, nous revînmes dîner à Avignon : il était alors sept heures du soir, et le monde commençait à rentrer de la promenade.

D'AVIGNON A NIMES. (15 lieues.)

7 avril.

Partis d'Avignon à onze heures du matin, nous étions à Nîmes à trois heures et demie. Nous descendîmes au grand hôtel *du Luxembourg*, le plus vaste et le mieux tenu de la ville.

La route est parfaitement servie, et à bon compte : on passe le Gard à gué à La Foux, relai de poste qui est à peu près à moitié chemin. Le Gard est une rivière large, peu profonde, et qui roule lentement ses eaux verdâtres et limpides sur un lit de sable fin, dont les rives sont encombrées de galets. A droite et à gauche de la route, dont les bords sont garnis d'amandiers, se voient dans la plaine de vastes champs d'oliviers, et, de distance à autre, des blés et des seigles, dont les épis, à cette époque, étaient avancés.

EXCURSION AU PONT DU GARD.

Le 8 avril, à sept heures du matin, nous partimes à pied pour aller visiter cet ancien monument des Romains, élevé dans un lieu solitaire, et distant de six à sept lieues de Nimes. Nous fimes la route en moins de quatre heures, et nous nous arrêtâmes au petit hameau de La Foux pour faire collation. On nous improvisa chez une *bonne* femme un petit déjeuner champêtre, que nous trouvâmes excellent. Pendant notre repas, une petite fille qu'on avait envoyée dans le jardin revint avec une provision d'escargots, dont on voulut nous faire un mets pour nous régaler. L'estomac bien lesté, nous nous remimes en route sous un soleil ardent, et en une demi-heure, cotoyant d'un côté le Gard, et de l'autre des collines escarpées et couvertes de chênes verts, nous arrivâmes au pont, qui nous fit oublier toute fatigue.

Monument remarquable d'architecture, le pont du

Gard, composé d'un triple rang d'arches, est situé dans un lieu très-agreste, pittoresque, silencieux, et réunit deux montagnes séparées par le Gard, et auxquelles ses deux extrémités sont adossées. Nous gravimes un petit sentier rocailleux pour monter à l'aquéduc qui conduisait autrefois les eaux d'Uzès à Nîmes. Cet aquéduc, situé au-dessus du troisième rang d'arches, à une centaine de pieds d'élévation au-dessus de la rivière, a deux pieds de largeur sur quatre et demi de hauteur. Montés sur les larges pierres qui en forment le comble, nous parcourûmes ainsi le pont dans toute son étendue, qui est de trois cent soixante pas.

Le Gard est encaissé dans ce lieu entre de grosses roches, et ne passe que sous une seule des arches du premier rang, qui sont très-larges, très-hautes et d'une hardiesse étonnante. La grande route passe entre le premier et le second rang d'arches, mais elle n'est fréquentée que dans l'hiver, le Gard pouvant se passer à gué pendant la belle saison.

Le terrain est pierreux et couvert de roches tout autour du monument. Il y croit beaucoup de plantes aromatiques qui exhalent une odeur délicieuse. Les deux montagnes rénnies par le pont sont garnies d'arbustes, et à leur base on voit des grottes et des voûtes souterraines.

Nous nous arrêtâmes un instant chez la bonne femme aux escargots, qui nous offrit une bouteille de vin que la chaleur nous fit trouver délicieux; et, le croira-t-on? cette brave femme refusa obstinément d'en recevoir le prix.

Revenus à La Foux, nous y primes, au passage, une des diligences de Nîmes, où nous étions de retour à quatre heures. Un mot maintenant sur cette ville, qui en 1815 fut le théâtre de déplorables événemens.

NIMES.

Du 7 au 9 avril.

Parfaitement administrée, la capitale du Gard a 500,000 francs de revenu, qu'on emploie, en grande partie, à ses embellissemens.

Les places, dont plusieurs sont ornées de bassins et de fontaines avec jets d'eau, les boulevards, et surtout le jardin public, sont superbes. Il y a beaucoup de belles maisons, et une belle salle de spectacle nouvellement restaurée.

Mais ce qu'on admire le plus dans Nîmes, ce sont les monumens des Romains qu'elle possède encore, et qui sont peu dégradés : citons entre autres ce vaste cirque ou amphithéâtre, dit les Arènes, d'une construction si solide ; cette Maison carrée, qui sert de musée d'antiquités, et dont l'élégante colonnade rappelle la nouvelle Bourse de Paris, et cet antique temple de Diane qu'on voit dans le jardin public.

C'est dans ce bel établissement que se trouve aussi la source dite la *Fontaine de Nîmes*, qui fournit l'eau à la ville : cette eau, claire et limpide, circule lentement à travers plusieurs bassins et canaux, bordés de hauts parapets en pierres.

A la partie supérieure du jardin s'élève une belle terrasse, d'où l'on jouit d'une vue immense sur la ville et la campagne. Les quartiers du centre n'offrent, du reste, que des rues étroites, tortueuses, et d'assez tristes maisons.

On compte quarante-cinq mille ames à Nîmes ; la populace y est nombreuse, fume beaucoup, et parle le patois provençal, mélange d'italien, d'espagnol et de vieux français.

Les campagnardes des environs ont une manière horrible de se coiffer ; elles portent, sous un chapeau de feutre noir, à larges bords, une gaze ou étoffe jaunâtre claire, qui leur couvre les côtés de la figure, et qu'on prendrait de loin pour des cheveux de cette couleur.

DE NIMES A MARSEILLE. (35 lieues.)

Partis de Nîmes, le 9 avril à midi, nous arrivâmes à Marseille le lendemain matin, sur les huit heures, et nous allâmes loger au grand hôtel *des Ambassadeurs*, rue de Beauvau. Nous passâmes par Beaucaire, si célèbre par sa foire, Tarascon, Saint-Remy, Orgon et Aix.

Beaucaire et Tarascon ne sont séparés que par le Rhône, et deux vieux ponts de bateaux, réunis par une longue chaussée, établissent les communications entre ces deux villes. Nous vîmes, dans la dernière, le régiment de chasseurs à cheval qui devait s'embarquer à Toulon, pour la Morée, mais qui venait de recevoir contre-ordre.

Aix est une ville bien bâtie, qui a quelques beaux et curieux édifices, et un superbe cours orné de la statue du bon roi René, et de trois fontaines, dont une d'eau chaude.

MARSEILLE.

Du 10 au 17 avril.

Cette ville, la plus ancienne du royaume, tire son origine d'une colonie de Grecs-Phocéens qui la fondèrent environ six cents ans avant Jésus-Christ. Bâtie sur un sol très-ingrat, elle ne doit son importance et sa richesse qu'à la sûreté et à l'étendue de son port, le plus commerçant de la Méditerranée, et qui sert, pour ainsi dire, d'entrepôt général à toutes les nations. Elle offre beaucoup de contrastes, et pour bien la juger il faut la diviser en trois parties, la vieille ville, la ville neuve, et la ville intermédiaire.

La vieille ville n'est point agréable à l'œil ; les rues y sont sales, montueuses, étroites ; les maisons hautes, malpropres, peu aérées : elle est habitée par la basse classe du peuple, qui y est entassée. C'est là qu'on trouve les familles des pêcheurs, des matelots, des ouvriers du port, des vendeuses au petit détail.

Bien différente de la précédente, la ville neuve se fait remarquer par des rues larges, propres, bien pavées, tirées au cordeau, et garnies de trottoirs ; par la beauté des maisons, le luxe, l'élégance des cafés, des boutiques, des hôtels, etc. Citons entre autres la rue de la Cannebière, qui a quarante à quarante-cinq pas de large, et dont une extrémité aboutit au port et l'autre sur le cours ; la place Royale, ornée d'une belle fontaine, et les cafés de la rue Beauvau et de la place de la Comédie, dont la richesse et la magnificence sont portées à un haut degré. C'est le quartier des négocians, des gens d'affaires, des voyageurs et des élégans.

La ville intermédiaire renferme les diverses administrations, les consulats, le musée, la bibliothèque, etc. On y voit quelques belles maisons, deux ou trois belles rues ; mais, du reste, rien de remarquable, si ce n'est l'aspect dont on jouit de la porte d'Aix. En fait de perspective intérieure de ville, je ne connais rien de supérieur à ce coup-d'œil. De la porte d'Aix descend la rue du même nom jusqu'à la promenade du cours, qui fourmille de monde ; et de là part, en montant, la rue de Rome qui s'élève jusqu'à l'obélisque de la fontaine Castellane ; les deux rues et le cours forment une perspective d'une demi-lieue en ligne directe, que termine à l'horizon une partie des montagnes qui entourent la ville.

Marseille possède beaucoup de fontaines dont les eaux, peu abondantes, se perdent dans le port. Ce dernier, dont l'entrée est étroite, et défendue par les forts Saint-Jean et Saint-Nicolas, a la forme d'un ovale irrégulier, et reçoit des bâtimens de toute grandeur. Il en était encombré au moment de notre séjour, et la plus grande activité régnait de tous côtés. On y avait lancé, depuis peu, une forte frégate destinée au pacha d'Égypte. Les quais, qui sont pavés en dalles ou en briques, sont beaux et d'une grande propreté.

Pour dominer la ville, le port et la baie, tout à la fois, nous gravîmes le rocher rocailleux où est située Notre-Dame-de-la-Garde. De ce point élevé, d'où l'on signale l'arrivée des vaisseaux, la vue est admirable ; d'un côté s'offrait à nos regards la plaine azurée de la mer, coupée par les îles de Pomègue et de Ratonneau

que réunit le nouveau port Dieudonné, par le château
d'If, et par plusieurs rochers arides ; de l'autre, le port
couvert de bâtimens, avec pavillons et guidons déployés,
la ville entière, son lazaret, et la vaste enceinte de montagnes en amphithéâtre dont les plans inférieurs sont oc-
cupés par cinq ou six mille bastides, petites maisons de
campagne où les Marseillais vont se délasser de leurs
travaux. C'est dans les îles de Pomègue et de Ratonneau que les vaisseaux font les longues quarantaines.

Le sang marseillais est beau, et les femmes bien
faites n'y sont pas rares ; en général, elles ont de belles
poitrines, ce qu'elles doivent, je crois, à la bonne
habitude qu'elles ont de ne point comprimer ni
emprisonner dans des corsets cette partie du corps si
délicate dans le jeune âge. La population de la ville
est d'environ cent cinquante mille ames. C'est la patrie
du célèbre sculpteur Pujet, le Michel-Ange de la France.

DE MARSEILLE A TOULON. (15 lieues.)

Montés en diligence à quatre heures du matin (13
avril), nous arrivâmes à Toulon vers deux heures de
l'après-midi, après avoir passé par Aubagne, patrie de
l'abbé Barthelemi, Cujes et Ollioules.

La première partie de la route n'offre rien à citer :
on y voit quelques vallées et un sol moins ingrat qu'aux
environs de Marseille ; mais les deux autres tiers sont
très-*remarquables*. Le chemin est taillé au milieu de montagnes et de rochers entassés qu'il faut gravir ou descendre sans cesse. Ici, d'énormes forêts de pins s'élèvent en amphithéâtre sur les côtés de la route ; là, des

ravins profonds, des précipices effrayans, s'offrent sous vos pieds ; plus loin, des rochers menaçans se dressent sur vos têtes; enfin, au sortir de ces abimes et des gorges resserrées dans lesquelles on était enfermé, on laisse avec délices ses yeux s'égarer dans un vallon enchanteur et pittoresque où l'on voit des orangers, des citronniers, des oliviers, des figuiers, des amandiers, quelques jolies bastides et des prairies émaillées de fleurs.

TOULON.

Du 13 au 15 avril.

Ville de guerre, entourée de fossés et de remparts, Toulon, situé au fond d'une belle rade, est bâti au pied d'une chaîne de montagnes arides, d'où s'échappent plusieurs sources dont les eaux limpides arrosent presque toutes les rues avant de se jeter dans le port. Un grand nombre de belles maisons, beaucoup de fontaines, deux ou trois belles places plantées d'arbres, un quai superbe, et quelques rues alignées, bien pavées, et garnies de trottoirs, rendraient cette ville fort jolie, si l'on n'y trouvait aussi des rues sales, étroites et tortueuses, où il faut bien se garder de passer le soir, si l'on ne veut s'exposer à y recevoir certaines douches plus ou moins odorantes.

La salle de spectacle est fort laide, et située dans un vilain quartier; on ne sait où trouver un local convenable pour en construire une nouvelle.

Vu de la mer, Toulon, dont la population est de trente mille ames, paraît fort peu de chose, les montagnes absorbant presque toute la perspective.

Le port et la ville étaient fort animés. De tous côtés on rencontrait des troupes de terre et de mer, et trente à quarante bâtimens de guerre étaient mouillés dans la rade. Malgré le vent, nous prîmes une barque pour aller les visiter : nous vîmes entre autres cette fameuse frégate *la Syrène*, qui portait le pavillon amiral à la brillante affaire de Navarin, et qui ne dut son salut qu'au courage et au dévouement d'un matelot d'Antibes. Cet intrépide marin se jeta à la nage au milieu d'une grêle de bombes, de boulets, de mitraille, pour aller demander un grélin à une frégate anglaise, à l'effet de dégager *la Syrène* d'un brûlot turc dirigé contre elle. Cette frégate, qui était fortement avariée, a été promptement remise en état, et elle n'attendait qu'un ordre de départ pour appareiller de nouveau.

L'arsenal de Toulon est un des plus beaux et des plus curieux établissemens en ce genre. Il renferme les bagnes, le musée naval, le bassin, les chantiers, les magasins d'armes, la corderie, la mâture, et les grands magasins d'effets et d'équipemens maritimes.

Munis de l'autorisation du major de la marine, et accompagnés par un bon gendarme, nous mîmes quatre heures à visiter ces différens objets. Le bagne était très-proprement tenu, et renfermait trois à quatre mille galériens. Les bagnes flottans ne sont que de vieux bâtimens, désarmés et démâtés, dont les ponts servent de dortoir aux condamnés. Quelques-uns de ces malheureux fabriquent de fort jolis ouvrages qu'ils offrent aux curieux qui les visitent.

Le musée naval, qu'on doit transporter à Paris, est fort intéressant : il contient tous les modèles possibles de bâtimens et de machines à l'usage de la marine. Sous les cales couvertes du bassin, nous vîmes en construction les vaisseaux de ligne *le Fontenoy* et *le Royal-Dauphin*, et plusieurs frégates. Nous visitâmes aussi, au sortir des bagnes flottans, *le Royal-Louis*, vieux vaisseau de 130 canons : c'est le plus fort de la marine royale ; mais il est désarmé.

EXCURSION A HYÈRES.

15 avril.

Hyères, si connu par ses jardins d'orangers, est à six lieues de Toulon : nous nous y rendîmes par la diligence, en compagnie d'un ancien officier, actuellement graveur à Marseille. Il voulut bien nous servir de *cicerone*, et nous conduisit d'abord dans le plus beau jardin de l'endroit : c'est une forêt de dix-huit mille orangers, dont les produits annuels s'élèvent à 40,000 fr. environ. Nous en parcourûmes toutes les allées, dont quelques-unes sont arrosées par des ruisseaux d'eau vive, et terminées par des cascades. Au milieu du jardin se trouve la maison du propriétaire, entourée d'un parterre élégant, émaillé de fleurs nombreuses et odoriférantes.

Au sortir de ce lieu de délices, nous gravîmes le rocher élevé au bas duquel la ville est adossée en amphithéâtre, et parvenus au sommet après une marche pénible à travers des sentiers rocailleux, nous nous arrêtâmes près des ruines d'un ancien château pour contempler à l'aise le spectacle enchanteur que nous avions sous les yeux. La ville d'Hyères s'offrait à nos pieds ; venaient ensuite ses jardins garnis d'orangers, de citronniers, de figuiers, de quelques palmiers, puis des salines et des terrains bien cultivés s'étendant jusqu'à la mer, dont la vaste plaine était agréablement coupée par les îles d'Hyères.

De retour à l'hôtel, notre appétit sut faire honneur à l'excellent déjeuner qu'on nous servit, et immédiatement après (à midi) nous partîmes à pied pour Toulon, où nous arrivâmes en moins de trois heures, malgré la forte chaleur du jour. La route, bordée de ruisseaux, nous a paru belle : elle monte un peu jusqu'à Lavalette, gros village à trois quarts de lieue de Toulon, où se trouvait un bataillon de sapeurs et mineurs du génie, attendant le moment de l'expédition de Morée.

Le même jour nous retournâmes de nuit à Marseille par le *courrier*, sous l'escorte de gendarmes à pied et à cheval.

D'AIX A NICE PAR DRAGUIGNAN ET CANNES.
(57 lieues.)

Le 17 avril, à 5 heures du matin, nous quittâmes Marseille et nous vînmes à Aix, où, ne trouvant point de places dans le courrier d'Antibes, force nous fut d'en arrêter dans la diligence de Draguignan : là nous remontâmes dans celle de Grasse, qui nous déposa à Cannes le 18 avril, sur les deux heures de l'après-midi, après avoir passé trente heures de suite en voiture.

La route que nous parcourûmes est fort diversifiée : sol ingrat, beaucoup de rochers jusqu'à Saint-Maximin-du-Var ; pays fertile, prairies, ruisseaux, beaux environs à Grignolles ; puis, en avançant, fertilité encore

plus grande, vue de la mer, ruines de monumens romains à Fréjus...

De Fréjus à Cannes par Lestrelle, route très-pittoresque, longue montée, longue descente à travers la
vaste forêt des Adrets garnissant un entassement con-
fus de montagnes, de collines et de rochers, avec des
échappées de vue sur la mer, etc. Cette partie de la
route était fort dangereuse autrefois.

CANNES.

18 avril.

Cannes est une petite ville agréablement située sur
une plage sablonneuse, au pied de collines d'une belle
verdure. On y voit de jolies promenades au bord de la
mer, et, à une lieue vis-à-vis se trouve l'île Sainte-Mar-
guerite, où fut détenu le célèbre masque de fer... Nous
logeâmes à l'auberge *du Cheval-Blanc*, chez un nommé
Christine qui nous donna la chambre qu'avait occupée
Napoléon après son fameux débarquement de 1815.

Nous nous couchâmes de bonne heure; le lendemain
on vint nous réveiller à cinq heures et demie, et une
heure après nous roulions en calèche sur la route de
Nice; nous avions à parcourir une distance de dix à
douze lieues, que nous franchîmes en moins de quatre
heures avec le même cheval. Nous vîmes dans ce trajet
la plus belle végétation, toute la route n'étant pour
ainsi dire qu'une avenue de jardin. Le chemin est très-
roulant, et ombragé de chaque côté par d'énormes oliviers, des mûriers et autres arbres. De temps à autre,
on voit briller des orangers en fleurs et en fruits, et

presque toujours on cotoie le rivage de la mer. Entre Antibes et Cannes, on nous montra au fond d'un petit golfe la plage où s'opéra le débarquement de Napoléon et de sa petite flottille.

Nous passâmes par Antibes vers les neuf heures du matin : c'est une petite ville très-bien fortifiée, ayant un très-bon port, de jolies promenades, et située dans le même golfe que Nice auquel elle fait face.

Arrivés au pont du Var, limite des états français et piémontais, il fallut faire viser nos passe-ports, que nous fîmes remettre au commissaire de police chargé de cette formalité. Quelle fut notre surprise de voir venir à nous ce fonctionnaire qui nous serra la main et nous salua comme compatriote! Ce brave homme nous dit qu'il était natif de Vernon, qu'il avait étudié la médecine, et habité Évreux pendant quelque temps.

Au sortir du pont, qui a 2400 pieds de long, et d'où l'on voit l'embouchure du Var dans la mer, on se trouve vis-à-vis le corps-de-garde piémontais, où l'on visa aussi nos passe-ports ; puis arrivés au faubourg de Nice, il nous fallut subir la perquisition des gentils douaniers : après quoi nous nous fîmes enfin conduire à l'hôtel *des Étrangers*, tenu par M. Laurent, et où l'on est bien traité moyennant six francs par jour.

Adieu, France! adieu! nous quittons momentanément ton sol indépendant; et pendant que tes mandataires vont débattre à la tribune les hautes questions de la politique et de la législation, nous allons parcourir cette terre classique de la liberté et de la gloire, courbée maintenant sous le joug du despotisme, de l'arbitraire et de la théocratie...

NICE, NIZZA.

19, 20 avril.

Assise autour d'un gros rocher qui s'avance dans la mer, cette ville, généralement bien bâtie, serait fort jolie si l'on ne voyait que les nouveaux quartiers, dont l'élégance ne laisse rien à désirer. Au nord et à l'est s'élève un amphithéâtre de collines et de montagnes, dont le dernier rang, dominé par les Alpes, en laisse voir les cimes couvertes de neige; au sud, la mer s'étend à perte de vue, et une belle route à l'ouest, longeant le rivage, conduit au pont du Var: telle est la situation de Nice, dont le climat est tempéré dans l'hiver, mais d'une chaleur excessive dans l'été. Outre une forte garnison, la population y est de 18,000 ames.

Le port, dont l'entrée est fort étroite, est parfaitement abrité de tous côtés; aussi les vaisseaux y sont-ils en pleine sécurité. Ce que nous admirâmes spécialement à Nice, c'est une longue galerie ou terrasse située sur le bord de la mer, et communiquant par plusieurs escatiers avec une belle promenade plantée d'arbres, où l'on se réunit le dimanche. Cette galerie, d'abord fort droite, tourne ensuite autour du rocher sur lequel la ville est bâtie, et vient par une descente communiquer avec le port: nous avions grand plaisir à nous promener sur cette galerie, au bas de laquelle les vagues venaient briser en imitant le bruit lointain du tonnerre.

E non udite ancor come risuona
Il roco ed alto fremito marino ?

Les montagnes et les collines dont nous venons de

3

parler sont couvertes de nombreuses maisons de campagne (bastides), qu'on aperçoit à travers le feuillage un peu terne des oliviers. Les jardins de Nice et des environs sont délicieux : outre les fleurs printanières qu'on rencontre partout dans la belle saison (roses, lilas, jasmin, etc.), on y voit beaucoup d'orangers et de citronniers en fleurs et en fruits.

. Nous fîmes une excursion jusqu'à Cimier, où l'on voit les restes d'une ancienne ville romaine ; mais pour y arriver, il a fallu monter par un chemin rempli de cailloux et flanqué de murailles : voulant gravir plus haut, nous trouvâmes le sentier de plus en plus étroit et scabreux, et nous nous perdîmes dans des massifs d'oliviers tout chargés de fruits. En grimpant toujours, nous parvînmes définitivement à un point élevé, d'où nous pûmes dominer sur tout le pays. Nous voyions à la fois les Alpes, Nice, et la mer, puis des collines, des vallons et des torrens. Nous descendîmes en zigzag jusqu'à la rivière de ..., dont nous suivîmes la rive droite jusqu'à Nice.

Les femmes du peuple vont presque toutes tête et pieds nus. Nous en avons vu dans les campagnes, qui portaient des chapeaux de paille comme les Antiboises. Ces chapeaux, qui abritent fort bien du soleil, ont tout-à-fait la forme d'une gamelle renversée. Le peuple parle un patois désagréable ; et comme dans le midi de la France, le jeu de boules est son amusement favori.

Les cafés de Nice sont laids et mal tenus ; on n'y trouve que *la Gazette* ou *la Quotidienne* : il y a *haro* sur les autres journaux ainsi que sur les livres ou brochures qui ne sont point marqués du sceau du jésuitisme. Un voyageur allemand avec qui nous liâmes connaissance eut toutes les peines du monde à se faire restituer quelques volumes élémentaires sur la langue française que la douane avait saisis : il fallut pour cela l'autorisation du grand-vicaire.

Ce voyageur (le baron de Rottenham, chambellan du roi de Bavière) et un de ses amis (M. Flottaw, capitaine au service du grand-duc de Mecklembourg) passaient par Nice pour se rendre à Gènes : nous trouvant avec eux à table d'hôte, nous nous arrangeâmes avec deux voiturins (vetturini) pour faire route ensemble. Montés dans deux cabriolets, nous quittâmes Nice le lundi 21 avril à cinq heures du matin.

SECONDE PARTIE.

—◆—

ITALIE.

—◆—

DE NICE A GÈNES, PAR MENTONE, SAINT-REMO ET SAVONE.

(35 lieues de pays, ou 60 à 70 lieues.)

Nous sommes arrivés à Gènes le mercredi 23 avril, à six heures et demie du soir, après trois jours de marche par la route la plus curieuse et la plus intéressante qu'on puisse imaginer. On l'appelle Rivière du

Ponent : elle est assez variée, quoique cotoyant continuellement la mer, et, il y a quelques années, on ne
pouvait encore la traverser qu'à dos de mulet. C'est une
succession non interrompue de rochers plus ou moins
bizarres, plus ou moins menaçans, élevés plus ou
moins au-dessus de la mer, et sur la base desquels les
vagues viennent se briser : ils hérissent ainsi tout le littoral de cette partie de la Méditerranée. De temps à
autre, on quitte ces rochers, dont quelques-uns, séparés par de profonds ravins, sont réunis par des ponts
en pierres, pour pénétrer dans les montagnes, ou rou-
ler sur des plages, là sablonneuses, ici caillouteuses,
et l'on est obligé de passer à gué un grand nombre de
torrens qui, dans la saison des pluies, vous retiennent
quelquefois cinq ou six jours. Les points de vue, les
perspectives, varient étonnamment. Ceux de la mer,
qu'on croirait monotones, sont au contraire fort agréables : d'abord, il y a mille accidens de lumière qu'on
ne saurait décrire, et qui flattent l'œil ; puis elle est animée, sillonnée par un grand nombre de bâtimens, et
coupée par des promontoires, des rochers, des lan-
gues de terre, des caps, etc., qui forment des golfes,
des baies, des anses, dont la route marque le contour.
Les montées et les descentes s'offrent fréquemment dans
un sol aussi bouleversé.

La plus longue montée est celle de Nice : elle tourne
autour d'une très-haute montagne, à la sommité de laquelle on découvre en plein les Alpes couvertes de
neige ; puis, continuant de marcher, on les perd de
vue, parce qu'on est enfermé, resserré, dans les chaî-
nons fort accidentés de l'Apennin. Dans beaucoup d'endroits, la route est si resserrée, que la moindre muti-

nerie d'un cheval, ou le moindre faux pas, précipiterait la voiture sur les rochers où la mer vient se briser.

Sortant de Nice, on trouve d'abord la principauté de Monaco, qu'on quitte bientôt, vu son peu d'étendue, pour rentrer dans les États piémontais, où il faut, par deux fois, subir la visite de la douane.

22 avril.

Arrivés à Mentone sur les neuf heures, nous fûmes fort étonnés d'y entendre parler français : les filles y sont jolies. Le prince de Monaco, qui est pair de France, fait bâtir une jolie résidence près de cette ville ; sa garde se compose d'une centaine d'hommes en joli costume militaire (pantalon rouge, habit vert). Il joue le gros souverain , fait publier et afficher des ordonnances contre les attroupemens séditieux , pour la nomination d'un cadet, etc.

C'est à Mentone que nous avons commencé à voir de beaux et vastes jardins d'orangers, et surtout de citronniers en espaliers, couverts de fruits et de fleurs. On y compte cinq mille habitans, et mille seulement à Monaco, dont le château est plus grand que la ville ; du reste, situation assez pittoresque sur un rocher qui s'avance dans la mer.

Après avoir longuement déjeuné à Mentone et nous y être promenés, nous nous sommes remis en route pour Ventimiglia, et de là pour Saint-Remo, où nous sommes arrivés à sept heures du soir : on nous y a servi un dîner médiocre ; et le soir, comme il y avait spectacle, nous y sommes allés passer un instant, plaisir que nous avons satisfait moyennant 6 sols : on jouait un mélodrame, la salle était éclairée par trois ou quatre lampions.

Saint-Remo est bâti en amphithéâtre sur une colline fort élevée ; avant d'y arriver, on passe par Bordigliera, village où il y a beaucoup de palmiers, et une vue tout-à-fait pittoresque.

22 avril.

Partis à cinq heures du matin, nous étions à Oneglia à neuf heures et demie, après avoir passé par Port-Maurice ; repartis à midi, avec un temps couvert et chaud, et pris ensuite d'un orage accompagné de grêle et de pluie, nous nous sommes arrêtés à Albenga, vers les quatre heures, pour y faire collation avec des œufs frais et du café au lait de poule.

La pluie ayant cessé, nous remontâmes à six heures en voiture, nous suivîmes un beau chemin uni, au milieu de prairies et de champs de blé ; nous gravîmes ensuite une très-haute montagne ; et une descente longue, rapide, et contournée en nombreux spirales, nous conduisit à Finale. Soupé et couché à l'hôtel de la Poste, où on nous donna de beaux appartemens avec des lits en fer très-élégamment ornés.

23 avril.

Au sortir de Finale (cinq heures et demie du matin), nous entrâmes dans une forêt d'oliviers ; et nous passâmes par deux voûtes taillées dans les rochers, avant d'arriver à Savone ; déjeuné à dix heures dans cette ville, où on nous servit le café dans des verres à boire communs.

Savone, d'où l'on découvre Gènes, à douze lieues, est une ville bien bâtie, avec forteresse, port, rues bien pavées, promenades, montagnes pittoresques, et belle route jusqu'à Gènes, par Varaggio, Arezzano, Voltri et Sestri de Ponente, bourgs à maisons hautes, bâtis au bord de la mer, où l'on distingue quelques palais, de jolies maisons de campagne sur les collines voisines, de beaux jardins, et qui se continuent jusqu'à Saint-Pierre-d'Arena, long faubourg qui précède Gènes. On arrive en montant dans la capitale de l'ancienne Ligurie par la tour du phare, appelée la Lanterne, au détour de laquelle Gènes se déploie tout à coup aux yeux du voyageur dans toute sa magnificence. La perspective est vraiment admirable, et la surprise des plus ravissantes; nous fîmes attendre un peu notre voiture pour jouir à notre aise du beau spectacle que nous avions sous les yeux, et nous nous fîmes conduire au bel hôtel *d'York* (ancien palais Balbi), place de l'Annunziata, où nous fûmes logés en petits-maîtres.

GÈNES.

Du 23 avril au 4 mai.

Le jeudi 24 avril, nous primes dès le matin un domestique de place (cicerone), et à neuf heures nous commençâmes nos courses. Avant diné, nous visitâmes l'église de l'Annunziata, celle de Saint-Cyr, les palais Sera, Brignol, Doria, la cathédrale ou Saint-Laurent, Saint-Ambrosio, puis le vieux Môle où nous primes une barque pour voir sur mer la perspective de Gènes ; nous visitâmes ensuite le beau vaisseau piémontais de soixante-quatre canons (*le Commerce de Gènes*), où le lieutenant du bord nous reçut avec beaucoup de cordialité. Nous montâmes ensuite au sommet de la tour de la Lanterne qui est située sur une hauteur, et dont l'escalier a trois cent cinquante marches. La vue y est admirable : on domine à la fois sur les rivages de l'est et de l'ouest, sur la mer, sur le port, sur la ville, sur les Apennins, dont les chaînes élevées étaient couvertes de neige. Nous sommes revenus dîner à quatre heures, et le soir nous sommes allés visiter la délicieuse villetta du marquis Carlo di Negro, située sur le bastion élevé des Capucins, près de la belle promenade de l'Acquasola, et nous avons terminé cette journée en allant à la nouvelle salle de spectacle, ou l'on jouait l'opéra de *Bianca e Fernando*, et un ballet (*gli Adoratori del fuoco*). Nous vîmes, dans le ballet, Paul et mademoiselle Noblet de Paris, et dans l'opéra, David (tenor renommé) et madame Tozi (prima donna), qui font fureur à Gènes. Nous rentrâmes à minuit bien fatigués, et tout étourdis, tout éblouis de tout ce que nous avions vu dans la journée.

Le 25 avril, nous visitâmes le port Franc, la douane, le pont et l'église de Carignan, aux tours de laquelle nous montâmes ; quelques autres églises, quelques autres palais (Carega, Marcellus, Durazzo) et l'université. Après dîné, promenade aux jardins du palais André Doria, et ensuite à l'Acquasola.

Le 26, visité les forteresses, fait le tour des remparts (promenade fatigante de quatre heures de durée), visité l'*Albergo dei poveri*, le palais Spinola, et le soir le couvent de San Francesco, pour y voir le coucher du soleil.

Le 28, nos deux Allemands prirent congé de nous, et partirent pour Milan.

Nous restâmes encore à Gènes jusqu'au 4 mai, où nous nous embarquâmes pour Naples sur le *Real Pacchetto Tartaro*, commandante Cafiero, avec trois cents Suisses qui allaient compléter les régimens au service de Naples. Pendant notre séjour, le thermomètre a marqué constamment dix-huit à vingt degrés de chaleur, et nous prîmes plusieurs bains de mer à l'est de la ville, dans un endroit tout garni de rochers.

Donnons maintenant une idée générale de Gènes.

Située au fond du golfe de ce nom, cette ville fortifiée de tous côtés, entourée d'une ligne de remparts de trois ou quatre lieues de circuit, est bâtie en amphithéâtre demi-circulaire autour d'un vaste port, et sur une chaîne de collines et de montagnes que dominent les Apennins. Rien de plus majestueux et de plus imposant que la vue de la ville en mer ou de la tour de la Lanterne. Les maisons sont fort hautes, très-propres, et garnies de terrasses où l'on prend le frais le soir. Les rues sont aussi d'une grande propreté, et bien pavées en dalles; la plupart sont fort étroites et fort sombres, en raison de l'élévation des maisons; c'est un abri contre les chaleurs qui s'y font fortement sentir. Il n'y a guère que trois rues qu'on puisse citer, mais aussi elles sont magnifiques: ce sont celles dites Balbi, Nuovissima et Nuova, qui ne sont séparées que par des petites places. Ces rues sont ornées de nombreux palais en marbre, qui font l'admiration des étrangers. « Il semble, disait madame de Staël, qu'elles n'ont été

construites que pour un congrès de rois. » Le luxe et la
magnificence y déploient de toutes parts leurs richesses.
Les sculptures, les peintures surtout, qui sont prodi-
guées à outrance, offrent des morceaux du premier
mérite. Il suffit de nommer quelques-uns des artistes
qui y ont travaillé, tels que Paul Véronèse, le Guide,
l'Albane, le Corrège, le Guerchin, Rubens, pour en
faire sentir la valeur.

Le palais du roi actuel de Piémont (palais de l'ancien doge Jérôme Durazzo) est dans la rue Balbi, vis-
à-vis le bel établissement de l'Université; celui de la
reine douairière est dans la rue Nuova.

Les églises sont aussi d'une richesse et d'une magnificence éblouissantes. Bâties tout en marbre comme les
palais, comme eux aussi elles sont ornées ou plutôt
surchargées de peintures, de dorures et de sculptures;
ce sont plutôt des salles de spectacles que des temples
chrétiens. L'attention est excitée, mais non le sentiment
religieux. Du reste les façades extérieures de ces monumens ne répondent nullement à la magnificence de
l'intérieur; l'architecture en est mesquine et irrégu-
lière.

On vient encore d'ajouter à la splendeur de Gènes
une nouvelle salle de spectacle, appelée théâtre Carlo
Felice, nom de S. M. sarde. C'est un des plus beaux
monumens en ce genre qu'on puisse imaginer: l'intérieur offre six rangs ou files de loges toutes pareilles,
et décorées avec goût. Celle du Roi, au milieu, est sous
une espèce de coupole bleu-ciel, soutenue par deux
caryatides d'or; on l'éclaire par des bougies. Les bancs
du parterre ont des dossiers, et tout autour on a réservé
assez de place pour rester debout ou circuler libre-

ment. Il y a deux rideaux d'avant-scène qui font un bel
effet. Ce sont des tableaux : l'un représente un triomphe
romain, c'est le rideau des opéras ; l'autre (celui des
ballets) fait voir au milieu d'un riant paysage le vieux
Silène entouré de nymphes, de satyres, d'amours, de
bacchantes, etc. Le foyer est superbe, il a trente-cinq
pas de long sur vingt-cinq de large. Le péristyle, les
escaliers, sont en beau marbre blanc. La façade pour
l'entrée du roi offre six belles colonnes en marbre,
d'ordre dorique ; celle du public présente dix piliers
soutenant une belle galerie qui communique, par deux
portes , avec le foyer. Les pièces sont parfaitement
montées ; rien de plus brillant que les costumes et dé-
cors. La scène est assez vaste pour laisser manœuvrer
trente chevaux au milieu de fantassins et de danseuses.
Le roi se rend tous les soirs au spectacle, et dès
qu'il paraît dans sa loge l'orchestre annonce sa pré-
sence en partant d'un vigoureux coup d'archet. On
change rarement de spectacle ; le ballet se joue entre
deux actes de l'opéra soit séria , soit buffa. Les acteurs saluent le public chaque fois qu'on les applaudit,
et si les bravos continuent quand ils sont rentrés dans
les coulisses , ils reviennent de nouveau saluer le public.

Comme choses intéressantes Gènes offre encore à
noter :

Le pont de *Carignan* sans eau dessous ; il réunit deux
collines ; les arches sont très hardies, et ont plus de
cent pieds d'élévation ; au-dessous du pont, on voit des
maisons de huit ou neuf étages.

L'église du même nom bâtie sur le modèle de Saint-
Pierre, offre de beaux points de vue du haut de ses

tours, et dans son intérieur une belle sculpture en marbre du Pujet (le martyre de saint Sébastien).

L'*Albergo dei poveri*, vaste établissement bâti sur deux collines, que séparait un ravin ; on y arrive par une belle avenue de chênes verts ; l'entrée en est imposante ; les escaliers sont en marbre blanc. La chapelle, outre les statues des fondateurs, renferme deux chefs-d'œuvre en marbre : un bas-relief de Michel-Ange représentant Jésus mort dans les bras de sa mère, et un beau groupe du Pujet représentant l'Ascension de la Vierge. Rien de plus gracieux et de plus séduisant que ces anges qui entourent la mère du Christ ; et celle-ci ! comme la divinité est répandue sur ses traits !...

L'*Albergo* est un véritable dépôt de mendicité ; on y compte environ 1600 ames, dont 1000 femmes ou filles ; on les emploie à différens travaux, et on leur apprend différens métiers. Les pauvres peuvent sortir quand ils veulent, les hommes avec un métier, les filles avec une petite dot.

Le grand hôpital de *Pammatone*. Rien de notable à la façade extérieure, mais, sitôt entré, le grandiose s'offre à la vue : c'est un large péristyle à colonnes de marbre, qui conduit à de beaux escaliers également en marbre ainsi que les rampes, les balustrades et les galeries. Les salles sont fort vastes : on y voit les statues, bustes et inscriptions des fondateurs et bienfaiteurs de l'établissement. Ceux qui ont donné 100,000 francs ont une statue, les autres un seul buste ou une inscription, suivant la somme. Il y a dans la pharmacie un tableau curieux : vu de côté, il représente la sainte Vierge, et de face, saint Joseph avec son fils.

Nous ne nous arrêterons pas à décrire le port Franc, la douane, les deux môles qui ferment l'entrée du port sans l'abriter suffisamment, le théâtre *delle Vigne* (où l'on joue les opéra buffa), les nouveaux forts, et l'aqué-duc qui fournit l'eau à la ville.

Un mot maintenant sur les habitans ; on en compte quatre-vingt-dix mille. Les officiers et les prêtres y pul-lulent : on rencontre partout des jésuites, des capu-cins, des cordeliers, des franciscains, des dominicains. Parmi ces moines il y en a de bien hideux : tête nue et rasée en partie, pieds nus, robe sale-solitaire, ceinture en corde, besace à l'épaule !...

Les hommes s'habillent à la française, et les femmes portent un mezzaro, espèce de voile qui laisse à décou-vert la figure et le devant du corps. Celles-ci sont géné-ralement laides, petites, et manquent d'élégance dans leur tournure. Les dames de la haute volée suivent les modes de Paris. La promenade de l'Acquasola est très fréquentée le soir, et la rue Nuova tient lieu de cours le dimanche, de midi à deux heures.

La veille de notre départ, on joua l'*Otello* de Rossini ; nous assistâmes à cette représentation, qui fut très-bril-lante : la pièce, montée avec grand soin, fut jouée avec un ensemble admirable. Quatre des principaux acteurs furent redemandés après la chute du rideau et couverts d'applaudissemens.

DE GÈNES A NAPLES PAR MER (200 lieues).

Dimanche 4 mai.

Nous passâmes une partie de la matinée à faire nos préparatifs de départ, et, après avoir dîné et pris congé de nos aimables hôtes, nous nous rendîmes à bord du *Pacchetto* napolitain, vers six heures du soir : on nous fit passer la nuit dans le port, et le lendemain matin nous en sortîmes avec une bonne brise de sud-est.

La navigation fut de six jours; le premier fut pénible: la mer était houleuse, il y avait beaucoup de roulis, ce qui rendit malades presque tous les passagers. Après avoir vu les îles de Corse, de Sardaigne, d'Elbe, et quelques autres peu importantes, nous arrivâmes, le 10 au matin, devant le golfe de Naples, ayant en vue l'île d'Ischia, et plus loin le Vésuve dont le cratère vomissait des tourbillons de fumée. Un petit vent mêlé de calme nous retint toute la journée dans le golfe, ce qui nous permit d'admirer à loisir une des vues les plus délicieuses du monde.

GOLFE DE NAPLES.

10 mai.

Qu'on se figure un vaste bassin de cinq lieues de long environ sur deux à trois de large, flanqué de deux chaines de collines qui s'avancent dans la mer comme

pour fermer l'entrée du golfe, étalant à l'envi leurs sites
rians, pittoresques, imposans ; se confondant d'une
part avec la mer, et de l'autre avec l'amphithéâtre de
la ville de Naples bâtie en forme d'arc très-étendu coupé
par le château de l'Œuf, et dominée par une hauteur
appelée *Vomero*, sur laquelle est le fort Saint-Elme, et
plus bas la magnifique chartreuse de Saint-Martin.

Ces deux chaînes de collines offrent d'un côté l'île
volcanique d'Ischia fertile en vignes et en eaux minérales chaudes, l'île de Procida, le fameux cap Misène,
plus loin Pouzzoles, Baies, la Solfatare, et en approchant de Naples, l'île de Nisida, la riante côte du Pausilippe garnie de verdure et de maisons de campagne,
et enfin la belle promenade de la Chiaja à Villareale (le
plus beau quartier de Naples); de l'autre, l'île de Ca-
prée (séjour de Tibère), Sorente, Castellamare, le
Vésuve, Portici, et une infinité de *ville*; ajoutez à
tout cela la fumée du Vésuve, les accidens de lumière tant sur la mer que sur les collines, les barques
qui les cotoient et qui sillonnent cette mer, les vaisseaux qui entrent et qui sortent, et vous pourrez
vous faire une idée du magique tableau dont nous parlons.

NAPLES.

Après être débarqués et avoir rempli les formalités
de police et de douane, nous allâmes loger à la *Nobile
Locanda dei fiori, strada dei Fiorentini*, près la belle
rue de Tolède. Nous nous promenâmes dans divers

quartiers de la ville où le mouvement de la population est encore plus actif qu'à Paris; nous errâmes long-temps dans les belles allées et les bosquets délicieux de la Chiaja, promenade charmante au bord de la mer; et après un excellent diner *al Giglio d'Oro*, rue de Tolède, nous assistâmes le soir à une représentation de la *Semiramide* de Rossini, au grand théâtre de San-Carlo. Le roi y était avec le prince Auguste de Saxe, et cette heureuse circonstance nous procura le plaisir de voir ce théâtre qui a toujours passé pour l'un des plus beaux de l'Europe, et qui est ordinairement fermé depuis le ɪᵉʳ mai jusqu'au ɪᵉʳ octobre. La salle, aussi grande que celle de Gènes, est plus chargée de dorures et de sculptures, et par conséquent moins simple et moins élégante.

La loge du roi, qui est au milieu de la salle, est garnie de glaces. A chaque séparation des loges se trouvent des candelabres chargés de bougies, ce qui, avec le lustre, forme une illumination éblouissante. Sur l'arc de l'avant-scène se trouve un cadran qui tourne autour du doigt d'une figure du Temps. Le spectacle a commencé à neuf heures, et s'est terminé à une heure du matin, par le ballet des *Deux Sergens*.

12 mai

Après avoir parcouru d'autres quartiers de la ville, nous portâmes nos pas dans la campagne, et de là nous fûmes au *Champ-de-Mars* assister aux grandes manœuvres à feu d'un corps de six à sept mille hommes de troupes de toutes armes. La garde royale et les régimens suisses formaient la plus grande partie de ce corps.

4

Leur tenue est belle (habit rouge, bonnet à poil). La
foule était considérable , et l'un de nous s'y laissa esca-
moter son mouchoir. Nous revînmes à sept heures du
soir par un sentier délicieux , au milieu de champs de
blé et autres céréales, et de vergers remplis d'ormeaux
entrelacés de vignes.

15 mai.

Nous visitâmes dix à douze des principales églises
et le superbe musée de Naples (Jtudj), immense collection de sculptures et de peintures antiques. On y trouve
maintenant tout ce qui provient des fouilles d'Herculanum et de Pompéia.

EXCURSION PEDESTRE AU VÉSUVE,
PAR PORTICI, RESINA, HERCULANUM.

14 mai.

Partis de Naples sur les neuf heures du matin , nous
cotoyâmes la mer sur une belle route bien unie , pavée
en larges pierres volcaniques , et qui traverse le palais
du roi à Portici ; nous arrivâmes à Resina vers dix
heures et demie.

Nous y prîmes un cicerone, et, après nous être
rafraîchis, nous visitâmes les ruines d'Herculanum , à
quatre-vingts pieds sous terre. On descend au théâtre
à l'aide de lumières, et, après avoir erré long-temps
dans des couloirs ou corridors au milieu de laves, nous
pûmes prendre une idée de ce vaste monument dont

on nous montra les portes, les fenêtres, l'orchestre, l'avant-scène, les chambres, l'amphithéâtre, etc. Ce monument, le seul qu'on voie maintenant dans les ruines d'Herculanum, est d'une bonne architecture grecque, décoré d'une belle façade et de colonnes de marbre. Un large puits de quarante pieds de hauteur éclaire une partie du théâtre et communique en haut avec Resina. Cette ville et Portici, étant bâties sur Herculanum, empêchent d'entreprendre de nouvelles fouilles et de mettre le théâtre tout à découvert. (C'est en creusant une citerne, il y a cent vingt ans, qu'on fit la découverte d'Herculanum.) Cette ville n'a été ensevelie que sous des courans de laves, et non point, comme Pompéï, sous des couches de cendres : les habitans avaient eu le temps de s'enfuir, et d'emporter les objets les plus précieux.

Sortant du théâtre d'Herculanum, nous fûmes conduits aux nouvelles fouilles, entreprises depuis quatre mois du côté de la mer. On nous montra une maison qu'on déblayait : toutes les colonnes du portique étaient à découvert, et toutes les charpentes en étaient charbonnées, mais les murailles des chambres étaient bien conservées avec leurs peintures à fresque. On y a trouvé des pièces de monnaie, des ustensiles en terre cuite contenant du blé, des fruits secs, etc.

Après nous être reposés, et restaurés d'un repas frugal dans un jardin, sous une tente, nous nous mîmes en route pour le Vésuve, accompagnés de Raphaël, notre cicerone : il était alors deux heures et demie, et le soleil dardait en plein ses rayons sur la montagne. Nous suivons, toujours en montant, un sentier étroit rempli de cendre et de pierres, flanqué

de vergers garnis de figuiers, d'amandiers, d'ormeaux,
de peupliers entremêlés de vignes. Après une heure et
demie de marche, nous arrivons à un champ de lave
d'un mille de large, provenant de l'éruption de 1822,
qui brûla quarante à cinquante arpens de bois ; nous
descendons ensuite dans un petit ravin, nous remontons par un pente raide, et l'Ermitage se découvre à
nous avec ses ormes et ses tilleuls ; nous y arrivons
enfin (il était cinq heures du soir), haletans de fatigue
et inondés de sueur ; nous nous reposons une demi-
heure, et, après nous être rafraichis, nous reprenons
un sentier tout sableux, ayant le champ de lave à
droite et un bois de châtaigniers à gauche, et nous
parvenons au pied du cône du cratère (1). Ici plus de
traces de végétation, on ne voit que cendre et scories,
et quelques grosses pierres. Le cratère est à pic ; le
sol est chaud, et de droite et de gauche on voit sortir
une épaisse fumée par des crevasses ; pour peu qu'on
y touche, le terrain éboule, et ce qu'on en prend dans
la main est plus ou moins brûlant. Il faut pourtant se
décider à gravir encore. Nous voilà en marche..... A
chaque pas nos pieds enfoncent par-dessus les chevilles,
la cendre s'éboule, les scories roulent, la sueur nous
inonde, les forces nous manquent ; nous reprenons haleine de temps en temps, et après des efforts inouïs
nous touchons enfin à la cime du cratère : il était alors

(1)   Arrivamo ad una landa
            Che dal suo letto ogni pianta rimove
            Lo spazzo er' un' arena arida e spezza
                Nè greggi, nè armenti,
            Guida bifolco mai, guida pastore.
                                    DANTE.

sept heures et demie. Le soleil, presque couché, colo-
rait de ses derniers rayons le golfe de Gaëte, celui de
Naples, les Abruzzes, et tout le pays que notre position à six cents toises au-dessus de la mer nous per-
mettait de voir.

Assis sur la sommité du cratère, les jambes pen-
dantes du côté de l'abîme, nous examinons à loisir ce
gouffre immense, dont la circonférence est d'une demi-
lieue, et la profondeur de cinq à six cents pieds. Sa
forme actuelle est celle d'un vaste entonnoir du fond
duquel s'échappent par une fournaise ardente, et avec
un mugissement et un bruissement inexprimables, des
globes de feu, qui, en montant, se changent en fumée
dont les colonnes et les tourbillons se perdent dans les
airs, et s'aperçoivent à une grande distance. Les parois
noirâtres du gouffre sont presqu'à pic, et les crêtes et
fêlures en sont sillonnées par des couches jaunes sulfureuses. Il y a un écho très-remarquable.....

Détournant les regards de l'abîme et de ce spectacle
imposant et terrible, on peut les porter, sans se déran-
ger, sur l'admirable et fertile campagne de Naples,
sur le golfe, sur les villes et les maisons qui le bordent.
Spectacle délicieux ! qui nous fit presque oublier les fa-
tigues excessives qu'il nous avait fallu endurer pour
parvenir à la cime du cratère. « C'est le paradis vu de
l'enfer, » dit Châteaubriand.

La descente du cône est presque un jeu : on fait, en
quatre ou cinq minutes, ce qu'on a mis une heure et
demie à gravir. Il n'y a pas de danger, parce qu'on
entre dans la cendre jusqu'à mi-jambes, et quelquefois jusqu'aux genoux, ce qui empêche les chutes.
Descendus à l'Ermitage, nous inscrivîmes nos noms

sur le registre des voyageurs, nous prîmes congé
de l'ermite, et à la lueur d'une torche, portée par
notre cicerone, nous gagnâmes Resina en une heure.
Le silence de la route n'était troublé que par le sifsle-
ment des serpens, le bruissement des lézards et les pas
de quelques ânes que nous rencontrâmes portant des
Français qui se rendaient aussi à l'Ermitage. Nous
prîmes un cabriolet à Resina (moyennant 8 carlins:
3 fr. 5o cent.), et à onze heures et demie du soir nous
étions dans notre chambre. Avant de nous mettre au
lit, nous nous fîmes servir un bon souper. L'un et
l'autre nous étaient bien nécessaires pour réparer nos
forces, car, à moins de l'éprouver soi-même, il est im-
possible de se figurer les angoisses d'une ascension
telle que nous l'avons faite.

C'est au pied du Vésuve qu'on récolte le fameux vin
de Lacrima-Christi.

Jeudi 15 mai.

Nous nous reposâmes une grande partie de la journée, et le soir nous prîmes un bain de mer délicieux,
près de la Chiaja. Nous le fîmes précéder d'une petite
promenade dans le golfe. Nous avions pris la barque
près de la fontaine minérale de Sainte-Lucie, où l'on
voit constamment un nombre prodigieux de buveurs.

A neuf heures, nous assistâmes à une représentation
d'une comédie italienne (*la Giovane inflessibile per ins-
tinto*), au théâtre *dei Fiorentini*. L'intérieur de la
salle est assez joli ; les loges et le parterre étaient assez
bien garnis. La comédie italienne nous a paru bien

inférieure à celle de France. Les acteurs gesticulaient et criaient beaucoup.

EXCURSION A POMPEIA.

16 mai.

Voilà, sans contredit, l'excursion la plus intéressante, et l'unique en ce genre, qu'on puisse faire. On sait que Pompeïa est une ville romaine que le Vésuve a engloutie tout entière, avec ses habitants, sous sa cendre conservatrice, et que son souvenir resta enseveli dans la nuit des temps jusqu'au moment où un heureux hasard la fit découvrir par des paysans qui béchaient la cendre fertile qui la couvrait.

Véritable antiquité vivante, Pompeïa, qui est maintenant tout à découvert, est à cinq lieues de Naples, entre le Vésuve et la mer ; elle est d'une grande étendue, et on y arrive par une grande route, en passant par Portici, Resina, Torre del Greco, et Torre del Annunziata. Le sol qu'on parcourt n'est que poussière, mais cette poussière est d'une grande richesse de végétation.

On nous a fait entrer par une des portes de la ville, et après plus de deux heures de marche nous sommes sortis par une autre ; nous avons circulé dans des rues pavées en larges pierres volcaniques et bordées de trottoirs, aboutissant à des places décorées de fontaines ; nous avons erré parmi des portiques, des colonnes, des temples, des maisons, des bains, etc. ; et pour tous habitans, nous n'avons trouvé que des lézards qui fuyaient à notre aspect!.....

Cette malheureuse cité possède encore tous ses monumens. On nous a montré deux théâtres, un amphithéâtre immense, de forme ovale ; plusieurs temples, entre autres ceux d'Isis, d'Esculape, de Minerve, de Jupiter, de Priape ; un tribunal (basilique), des écoles publiques, le cimetière, et enfin deux fontaines nouvellement découvertes, l'une il y a un an, et l'autre il y a huit mois. Elles sont très-jolies et d'une élégante simplicité : c'est une mosaïque incrustée d'un grand nombre de coquillages de toutes espèces. L'eau sortait de chaque côté par deux figures de lion ; le bassin est en marbre ; il y a au milieu un piédestal d'où s'élançait un jet d'eau, et dans le fond se trouvent six gradins en marbre d'où l'eau tombait en nappes. Ces fontaines appartenaient à des maisons particulières. Celles-ci, en assez grand nombre, sont fort simples : elles ont des portiques intérieurs, et des cours avec une citerne ou un bassin en marbre au milieu. Les murailles sont couvertes d'un stuc coloré, sur lequel sont des peintures à fresque, dans le goût athénien. La maison de Diomède, ami de Cicéron, située hors la porte Herculéenne, près la rue des Tombeaux, est une des plus grandes ; il y a un cloître souterrain (espèce de cave) très-étendu, dans lequel on a découvert une vingtaine de cadavres. Trois impressions de figures sont encore marquées sur le mur. Les chambres, en général, sont petites, pavées en mosaïque, et ne reçoivent de jour que par la porte ; quelques-unes communiquent ensemble. La maison des Vestales est fort vaste, et renferme un grand nombre de corridors. Tous les objets trouvés dans la ville, sculptures en bronze, ustensiles de ménage, bijoux, fruits, graines, etc., ont été transportés au musée de Naples ;

en un mot, rien n'instruit mieux des mœurs et usages des anciens Romains que la vue de ces intéressantes ruines au milieu desquelles on ne peut se défendre d'émotions mélancoliques, et on les quitte avec regret et attendrissement.

17 mai.

Nous visitâmes, une seconde fois, le musée et le jardin botanique, situé en amphithéâtre (strada di foria), dans un lieu élevé, ayant le Vésuve en perspective : c'est une magnifique promenade, ses grandes allées sont plantées d'acacias, et on y trouve beaucoup de bosquets délicieux où les rayons du soleil ne peuvent pénétrer. On y voit les arbres, arbustes et plantes de tous les climats.

L'*Albergo dei poveri* (ou *reclusorio*) est tout près de là : c'est le plus bel établissement en ce genre qu'on connaisse; la façade a treize cents pieds de long, et le vestibule est en marbre. Les garçons sont en costume militaire, et sont exercés tous les jours aux manœuvres.

On travaille le corail dans l'établissement, qui renferme trois mille individus.

Le soir, nous fûmes au petit théâtre San-Carlino : on y joue les farces italiennes, dans le dialecte du pays (1).

Dimanche 18 mai.

Nous visitâmes le fort Saint-Elme et l'établissement

(1) Voici le titre de la pièce que nous vîmes jouer : *La ridicola scialata di tre Limuni*, etc. Nous n'y pûmes rien comprendre, hormis les gestes des acteurs.

5

des invalides (ancien couvent de Saint-Martin). Ils sont
situés l'un au-dessus de l'autre, sur une hauteur qui
domine entièrement la ville, et ont, de tous côtés, des
vues superbes sur le golfe et les environs de Naples. On
y arrive par une longue et rude montée. Cette chartreuse de Saint-Martin est vraiment magnifique : on y
admire une belle et vaste cour (outre celle d'entrée),
environnée de portiques soutenus par une multitude de
colonnes de marbre blanc et ornées de statues en marbre également. Les montans et chambranles des portes,
ainsi que les balustrades de la terrasse, sont aussi du
même marbre. L'église attire surtout l'attention par la
richesse, l'élégance et le bon goût de ses ornemens.
Outre le marbre, l'albâtre et des peintures du premier
mérite (les Prophètes, entre autres, de Lespagnolet),
on a employé des pierres précieuses (agates, jaspes,
lapis-lazulis) dans la décoration de l'autel et des chapelles; la marqueterie de la sacristie est remarquable
par ses bois de différentes couleurs, qui représentent
des Juifs.

VISITE AUX STUDJ,
ET VISITES PARTICULIÈRES.

19 mai.

Ce vaste musée des Studj qu'on ne peut se lasser
d'admirer renferme, outre les précieuses découvertes
d'Herculanum et de Pompeïa, toute la belle collection
Farnèse, si riche en chefs-d'œuvre. Outre l'Hercule, le
groupe du Taureau, nous avons surtout distingué le
Gladiateur mourant, et Bacchus et l'Amour : le pre-

mier saisit par la force et la vérité de l'expression ; on
voit la vie près de s'éteindre sur ce corps ; les muscles
commencent à fléchir, les traits se contractent, les
lèvres pâlissent, la vue s'éteint, le corps va tomber !.....
Le second séduit aussi par l'expression ; on rit comme
Bacchus, en le voyant regarder le sourire malin de
l'Amour.

L'imagination est étonnée aussi de la multitude d'objets rassemblés et coordonnés dans les salles de ce
musée, dont quelques-unes sont pavées avec les belles
mosaïques trouvées à Pompeïa. Outre les grandes statues en marbre et en bronze (ces dernières ont des
yeux de verre), les grands morceaux de sculpture, les
peintures de tous les genres, trois à quatre mille vases
étrusques (en forme grecque, avec figures jaunes), dix
sept cent trente papyrus dont une centaine sont dé-
roulés et dessinés ; on y voit beaucoup de petites statues, des ustensiles de ménage, des armures, de beaux
candélabres, des lampes élégantes, des trépieds, des
pesons, des balances, des lacrymatoires en verre à
l'infini, des objets de batterie de cuisine, des verres à
boire, etc. (Plusieurs de ces objets sont bien tra-
vaillés, d'autres sont plaqués en argent.) On y voit
aussi des cendres restées dans des tourtières, des ali-
mens, des coquilles d'œufs, du pain, des fruits (figues,
prunes, olives, châtaignes) ; du froment, du millet;
des toilettes de femmes, tous les petits meubles et in-
strumens qui les composent, des cosmétiques, une petite boîte de cristal contenant du rouge, des dés, et une
infinité d'autres objets relatifs aux arts et aux profes-
sions. Dans des armoires à part se voient les ornemens
et les bijoux en or, les médailles et pièces de monnaie,

les pierres précieuses. De ces dernières, beaucoup proviennent de la collection Farnèse, et sont travaillées avec un art infini; il y a entre autres un magnifique camée, bien transparent, représentant d'un côté un sujet allégorique et de l'autre une tête de Méduse.

La *Quaderia* renferme des tableaux de toutes les écoles; et dans la salle des antiquités égyptiennes, nous avons remarqué une momie dépouillée de ses bandes. Les cheveux, bien conservés, sont d'un blond doré; le corps est entier et appartenait à une jeune femme, fille d'un roi d'Égypte, morte il y plus de trois mille ans.

Ce qui intéresse le plus, dans tout ce que nous venons de rapporter, ce qui excite le plus d'émotion, ce sont, sans contredit, tous les objets provenant des fouilles d'Herculanum et de Pompeïa. On serait encore plus ému, plus touché, plus intéressé, si on avait pu les laisser sur les lieux mêmes; mais débarrassés de la cendre et de la lave qui les ont conservés pendant tant de siècles, l'air, l'humidité les auraient promptement altérés.

EXCURSION A POUZZOL, BAIES, etc.

Mardi 20 mai.

Tout ce territoire, presque partout volcanique, renferme beaucoup d'eaux minérales, les restes d'une multitude de monumens, et excite fortement la curiosité des naturalistes et des antiquaires.

Partis de Naples à six heures du matin, nous en sortons par la fameuse grotte du Pausilippe, ouvrage gigantesque des Romains : c'est une vaste route, creusée à travers la montagne, ayant cinquante pieds de hauteur, trente de large et deux mille quatre cents de longueur. Un chemin agréable nous conduit au lac d'Agnano (deux lieues de Naples), beau bassin (ancien cratère de volcan), environné de collines boisées, et ayant une demi-lieue de circonférence. Sur ses bords se trouvent, à cent pas de distance, les Stuffe di San-Germano (étuves sulfureuses), et la Grotte du Chien. On nous ouvre d'abord cette dernière : à peine entrés, nous sentons à travers nos bottes une chaleur incommode; le sol cependant n'est pas chaud, mais en y approchant la figure, nous respirons un air acide, qui pique le nez et porte à la tête; c'est le gaz acide carbonique, qui forme une couche d'un pied environ. Les lumières s'y éteignent. Je tirai mon pistolet à quelques pouces du sol; la détonation fut très-faible, et la fumée, au lieu de se dissiper en l'air, forma une couche épaisse qui resta suspendue à peu de distance du sol. Nous ne voulûmes point laisser faire l'expérience du chien.

Nous examinons ensuite les Stuffe di San-Germano; nous voyons des vapeurs sulfureuses (de quarante degrés de chaleur) s'échapper de plusieurs fissures; nous entrons dans plusieurs chambres taillées dans le roc, et toutes plus ou moins chaudes.

Suivant les bords du lac, nous trouvons un chemin ombragé : nous le prenons; et, le continuant, nous gravissons les monts Leucogéens. Nous laissons à droite Monte-Secco, où se trouve une source d'eau chargée d'acide carbonique (*aqua bolla*), et nous arrivons au couvent des Capucins, que nous visitons, et d'où l'on découvre Pouzzol et les plages maritimes jusqu'à Misène. Un jeune néophite nous fit voir dans l'église le buste de saint Janvier, et la pierre ensanglantée sur laquelle il fut décapité.

Près de ce monastère est la Solfatare, ancien volcan de forme elliptique. A l'entrée, on voit une manufacture de soufre et d'alun. Parcourant ce lieu dans plusieurs directions, nous en sentons le sol résonner sous nos pas, et une pierre qu'on y jette fortement produit le son d'une bombe (*rimbomba*). Du reste, beaucoup de fumerolles, de crevasses et d'excavations plus ou moins chaudes : une, entre autres, est un vrai petit Vésuve ; la fumée qui en sort est très-abondante, d'une chaleur bouillante, et tous les corps qu'on jette à l'entrée sont rejetés à une certaine distance. Dans ce champ phlégréen, on marche sur le soufre et l'alun, et on y voit cependant des plantes et des arbrisseaux. Deux mulets y paissaient paisiblement.

En descendant vers la mer, nous trouvons des ruines et l'amphithéâtre, ou Colysée de Pouzzol : on distingue encore les portiques et les loges des animaux ; mais l'arène est convertie en jardin, et des plantes masquent les gradins. Plus bas, nous voyons au pied d'une colline près de Pouzzol le temple de Jupiter Sérapis : il est quadrilatère, et a deux cents pieds de long. On y voit encore une aire ronde en marbre blanc, et trois grosses colonnes en marbre cipollino : on y trouve aussi des eaux thermales sulfureuses de trente-un à trente-trois degrés, ce qui a décidé à y former un établissement de bains.

Nous entrons dans Pouzzol, ville de six mille ames environ, à deux lieues et demie de Naples ; nous y déjeunons avec une omelette et une excellente friture de sardines, et nous louons ensuite une barque à deux rameurs pour continuer notre excursion dans les environs.

Nous laissons d'abord derrière nous le pont de Caligula, et, rasant la côte, nous passons devant les restes de la magnifique *villa* de Cicéron, où fut enterré l'empereur Adrien. Nous arrivons près du lac Lucrin, où nous mettons pied à terre. Ce lac est très-poissonneux et communique à la mer par un canal où il y a une vanne. Nous entrons dans les terres, et nous découvrons bientôt le lac d'Averne, si fameux dans l'antiquité. Il est entouré de bois; sa forme est ovale, et il a une lieue de circonférence. On voit sur son rivage les ruines du temple d'Apollon, et plus loin, sur le chemin de Cumes, l'Arco Felice. Les eaux de ce lac sont douces et limpides, et n'exhalent rien de désagréable.

A peu de distance, au pied d'une colline boisée, nous trouvons la grotte de la Sybille : l'entrée en est fort ombragée. Précédés de ciceroni portant des torches enflammées, nous parcourons cent cinquante à deux cents pas dans un long souterrain. Ils nous prennent alors sur leurs épaules; et, ayant de l'eau jusqu'aux genoux, ils nous mènent dans plusieurs corridors et chambres où l'on voit des pavés en mosaïque, des bains, des restes de peintures, etc. On présume que ce lieu avait des communications souterraines jusqu'à Cumes et ailleurs.

Retournés à notre barque, nous laissons derrière nous Monte-Barbaro et Monte-Nuovo. Cette dernière montagne, qui est maintenant couverte de verdure, est sortie en une nuit du sein de la mer par suite de l'éruption d'un volcan en 1536. Nous arrivons près

d'un rocher aux Sudatori di Tritoli (bains de Néron).
J'y monte, et je me trouve sous une voûte communiquant avec cinq ou six chambres taillées dans le roc,
et où l'on prenait des bains et des étuves. Un cicerone
nu, tenant un seau d'une main et une torche de
l'autre, me conduit dans un souterrain étroit, long de
cent vingt pas et haut d'environ cinq pieds. A peine
entré, je suis mouillé comme dans un bain : une chaleur excessive (soixante-deux degrés) m'étouffe ; je respire péniblement, et j'arrive enfin par une pente raide
à une source d'eau bouillante (le Phlégéton). Le cicerone y plonge son seau, et jette dedans un œuf frais.
Nous revenons promptement sur nos pas, l'échine
courbée en deux, pour moins sentir la chaleur. Arrivé
au grand jour, le corps exténué de sueur, je reprends
haleine, j'avale le jaune de l'œuf, qui était convenable-
ment cuit; et, descendant, je trouve au bas du rocher
une autre chambre où l'on voit huit baignoires.

Rasant la côte, nous trouvons beaucoup de ruines et
l'endroit où était l'ancienne et célèbre ville de Baies ou
Baja. Les Romains ne connaissaient pas d'endroit plus
délicieux, et y avaient beaucoup de *villa*.

Nous visitons, parmi des ruines à l'infini, d'abord le
temple de Diane, de forme ronde avec une coupole,
celui de Mercure (Trullus), et celui de Vénus géni-
trix. Ce dernier est octogone à l'extérieur, et le plus
près de la mer. On nous a montré une chambre ornée
de stucs et de bas-reliefs d'un bon goût, et qui dépen-
dait de ce temple : celui de Mercure conserve encore
sa rotonde avec une grande coupole. Nous y avons fait
l'expérience d'acoustique qui consiste à se placer dans
deux directions opposées, et à se parler à voix basse.

Nous gagnons Bauli, dont nous gravissons la colline, en passant devant un terrain couvert de broussailles, appelé Mercato del Sabato, et nous arrivons aux souterrains connus sous le nom de *Cento Camerelle* (cent petites chambres), dont plusieurs sont comblées. On voit d'abord une grande galerie, dont la voûte est soutenue par onze gros pilastres; et nous entrons ensuite avec des torches dans des excavations obscures qui communiquent avec d'autres par des corridors. Les uns disent qu'elles servaient de prison, les autres, de *silos* pour la conservation des grains.

Repassant par Bauli, on nous y donna, pour deux grains (8 centimes), une bouteille de vin blanc très-passable; et, en redescendant du côté de Misène, nous abordons la *Piscina mirabile :* c'est un grand et beau monument, d'une architecture hydraulique admirable, formant un parallélogramme de deux cent seize pieds de long sur quatre-vingt-cinq de large, et dont la voûte est soutenue par quarante-huit gros pilastres, placés sur quatre files; ce monument servait à conserver de l'eau.

De là, à travers des vignes et des figuiers, nous longeons les Champs Élysées, où se trouve l'isthme qui conduit à Misène. Nous voyons d'un côté les ruines de beaucoup de tombeaux, de l'autre, la Mer Morte, et nous revenons à notre barque qui nous attendait. Avant d'y monter et regagner Pouzzol, il fallut encore visiter le tombeau d'Agrippine, à quelques pas dans les rochers; on y voit une excavation circulaire, des gradins, un corridor, des restes de bas-reliefs et de peintures, le tout fort noirci par la fumée des torches.

Le temps était superbe, la mer un peu agitée ; nous passâmes entre deux arches du pont de Caligula, dont quatorze piles sont encore debout; ce pont allait, dit-on, jusqu'à Baies.

De Pouzzol, nous retournâmes à Naples par un currible (petit cabriolet) que nous y prîmes; la route cotoie d'abord d'une part la mer, et de l'autre de gros rochers à pic, puis elle s'enfonce, à travers de belles allées de peupliers entrelacés de vignes, jusqu'à la grotte du Pausilippe. Nous étions de retour à l'hôtel sur les six heures du soir, enchantés de notre journée, mais un peu fatigués, et la bourse dégarnie de nos carlins qu'il avait fallu semer de côté et d'autre.

EXCURSION AU TOMBEAU DE VIRGILE.

21 mai.

Nous donnâmes ce jour à dîner aux deux capitaines suisses avec qui nous avions fait connaissance à Gènes ; mais avant nous fîmes un petit pèlerinage au tombeau de Virgile, situé sur le revers du Pausilippe, au-dessus de la grotte, en regard de la mer et des bosquets de la Chiaja ; on y arrive par la montée de la colline qu'il faut ensuite descendre par un sentier étroit au milieu de chênes verts, de figuiers et de vignes. Le monument est fort simple, et ombragé de tous côtés, mais il n'y a point de laurier; il consiste en une chambre carrée et voûtée, construite en pierres et en briques, avec des banquettes latérales et deux portes en ogives. Quittant le tombeau, nous fûmes respirer le frais sous un berceau de vignes et de figuiers,

qui domine le golfe et la plus belle partie de Naples. Là,
sur un banc où nous étions assis, nous lûmes l'inscription suivante, tracée sur un marbre blanc :

> Près du chantre divin dont la lyre immortelle
> Répéta des pasteurs les doux et tendres vœux,
> Sur ce banc consacré par l'amitié fidèle,
> Amis, reposez-vous, et resserrez vos nœuds.

Ces vers sont de M. DE LOSTANGES,
officier de marine français.

EXCURSION A CASERTE ET A SAN-LEUCCIO.
(6 lieues nord-est de Naples.)

24 mai.

Sorti de Naples par la montée de Capoue, à huit
heures du matin, dans un currible que je pris pour
toute la journée, j'arrivai à Caserte sur les dix heures;
je me fis descendre au palais du roi, qu'on regarde
comme un des plus beaux de l'Italie. Le luxe et la magnificence s'y déploient de toutes parts. Je visitai les
salles, les appartemens, la chapelle, le théâtre, les jardins, les bassins, et enfin la belle cascade qui est vis-à-
vis le château à plus d'une demi-lieue de distance. Je
montai sur le rocher d'où elle s'élance, et au haut duquel on a pratiqué une plate-forme qui a une belle
vue, et plus bas une espèce de grotte avec des ouver-
tures et des bancs où l'on respire une fraîcheur délicieuse.
     Retourné à la voiture, je me fis conduire à San-
Leuccio, autre résidence royale, qui est, pour ainsi
dire, le boudoir de Caserte; elle est bâtie à mi-côte, et

on y arrive par une longue avenue de sycomores. Une belle fabrique de soieries est attenante au palais même; j'en ai visité les ateliers, où j'ai vu bon nombre d'ouvriers. Le feu roi en avait fait, pour ainsi dire, un Parc aux Cerfs.

De ce palais, ainsi que de celui de Caserte, qui sont en perspective réciproque, on voit le fort Saint-Elme, le Vésuve et la belle campagne de Capoue.

La route que j'ai parcourue est plantée d'ormes, d'acacias et de peupliers; des guirlandes de vigne entrelacent ces arbres; leurs troncs, leurs feuilles se confondent; et, à leur base, se voient à perte de vue des champs de blé, de seigle et de chanvre. Je ne connais pas de campagnes qui flattent aussi agréablement la vue que celles de Naples, où nous avons encore séjourné jusqu'au 24 mai.

NAPLES.

La situation la plus belle, au fond du plus beau golfe et sous le plus beau ciel, l'aspect le plus animé, les promenades les plus agréables, les points de vue les plus magnifiques, le sol le plus fertile, les environs les plus curieux et les plus intéressans, font peut-être de Naples le séjour le plus délicieux du monde; le climat y est attrayant, et on le quitte avec regret : on y trouve toutes les commodités possibles de la vie; les vivres y sont à très-bon marché, et on y voyage à bon compte. Aucune ville ne possède un nombre aussi considérable de voitures de toutes espèces; les chevaux qui les trainent ne courent pas, mais volent sur le pavé qui est très-uni, il est vrai, et qui consiste en larges pierres

volcaniques bien taillées. La plupart de ces animaux
sont conduits par le nez. Les rues fourmillent de
peuple; la plus remarquable est celle de Tolède, qui
offre un cours perpétuel; le nombre des voitures qui
y circulent est prodigieux; la longue file de celles
qu'on voit à Longchamp peut en donner une idée, mais
à Longchamp elles ne vont qu'au pas, au lieu qu'à Naples elles brûlent le pavé.

Les maisons sont élevées, bien éclairées et presque
toutes couvertes de terrasses, qui font un bel effet des
hauteurs qui dominent la ville. Il y a des places très-
vastes; la plus belle est celle du Palais. La rue de Tolède
y aboutit; on y voit la principale façade du palais du
roi, et l'église de San-Francesco di Paolo. Ce palais est
fort grand, et a une longue terrasse qui a vue sur la
mer.

Les plus beaux quartiers sont ceux de Santa-Lucia
et de Villareale; c'est dans ce dernier qu'on voit la magnifique promenade de la Chiaja, dont la longueur est
de plus de six cents toises. Située entre le quai du même
nom, dont elle est séparée par une grille en fer, et le
rivage de la mer, dont elle est séparée par un mur
d'appui, elle est ornée d'allées d'acacias, de bosquets
délicieux, de fontaines et d'un grand nombre de sculptures en marbre. On y voit le buste du Tasse (1) dans
une coupole soutenue par huit colonnes de marbre

(1) Ce sont les Français qui ont placé le buste de ce poète dans
le lieu indiqué, qu'ils avaient fait construire à cet effet; ce sont
eux aussi qui ont établi le jardin botanique et le Champ-de-
Mars, etc.

blanc. Les jolis arbustes qui bordent le rivage sont très-rapprochés et penchés en toit.

La langue du peuple est un patois peu agréable à l'oreille : on crie beaucoup.

La population de la ville est de quatre cent mille ames environ. On voit des églises de tous les côtés ; on en compte jusqu'à trois cents ; plusieurs sont très-richement décorées à l'intérieur. Quand nous sommes arrivés, il y avait peu de jours qu'on venait de faire la cérémonie de la liquéfaction du sang de saint Janvier ; pauvre peuple !.... Le clergé n'y croit pas, et le clergé n'en continue pas moins cette jonglerie !... Beaucoup d'églises, beaucoup de cérémonies, beaucoup de prêtres et pas de religion... Voilà Naples. Le gouvernement cependant ne protège pas plus ces derniers que les lazzaroni et les autres classes du peuple. Il n'y a pas de maison, boutique, magasin, café, qui n'ait sa madone continuellement éclairée par une petite lampe.

Le clergé enterre avec beaucoup de luxe, et l'on rencontre souvent des religieuses chantant des hymnes, et précédées d'hommes qui quêtent, et qui portent sur leurs épaules une énorme madone chargée de riches ornemens.

Le bas peuple et les gens de la campagne vont presque nus ; une chemise, un bonnet de laine et une large culotte de toile, qui ne passe pas les genoux ; voilà leur costume !...

Les hommes sont généralement assez beaux et beaucoup mieux que les femmes, qui sont promptement fanées. Ces dernières ont beaucoup d'abandon et de laisser-aller dans leur démarche ; beaux yeux noirs, cheveux de même couleur, peau basanée, poitrine découverte !... Les ouvriers travaillent en plein air aux portes des maisons et vivent de peu. Ce qu'on aime le mieux est le *dolce far niente*. Les lazzaroni s'étalent sur le pavé, et dorment ; les élégans prennent leurs sorbets et regardent les passans ; les dames circulent en voitures ou restent nonchalamment à leurs balcons. On dort dans le milieu de la journée, on va tard au spectacle, on ne lit pas, on songe peu à la politique, et on ne médit pas de son prochain. Il y a beaucoup de canaille cependant ; mais on en vient à bout facilement avec un peu de fermeté ; on sait que le peuple à Naples est lâche, voleur, et fait marché de tout. Il est très-demandeur, et partout où vous allez on vous tend la main, et il faut donner !.... Enfin, pour terminer ce que nous avons à dire de Naples, rappelons les vers de mademoiselle Delphine Gay.

Naples, divin séjour, jardin de l'Italie,
Où le palmier grandit sous un constant soleil,
Où l'orgueil se repose, où la gloire s'oublie,
Où, d'un volcan muet redoutant le réveil,
On voit par le danger la paresse ennoblie ;
Où, joyeux sans sujet, enivré sans amour,
Agité sans désir, et rêveur sans tristesse,
Des vagues mesurant la lenteur, la vitesse,
Une barque lointaine occupe tout un jour !.....

LE RETOUR.

ROUTE DE NAPLES A LIVOURNE PAR MER.

14 au 26 mai.

Embarqués avec une nombreuse compagnie à bord

du bateau à vapeur *le Royal Ferdinand* , nous quittâmes
le port à six heures du soir. Rasant de près le cap de
Misène et l'île et la ville de Procida, nous perdîmes
bientôt de vue le plus beau golfe du monde!... Adieu
Naples! adieu Vésuve! adieu Pausilippe! adieu lieux si
riches en souvenirs, si attrayans par votre climat, et par
le charme de vos perspectives ! Adieu! Il faut vous
voir, et vivre pour vous revoir encore...

Rien de particulier dans la navigation. On longe
toujours le littoral, et on passe devant l'île d'Elbe. Arrivés le 26 au matin dans la rade de Livourne, on y
jeta l'ancre; mais ce ne fut qu'après nous avoir fait attendre plus de quatre heures, que la Santé du port nous
permit de débarquer. Aussitôt des barques nombreuses arrivent de tous côtés; on se presse, on se pousse,
on se précipite ; nous laissons la bourrasque se passer,
et, en compagnie d'un jeune docteur voyageur comme
nous, d'un artiste peintre, d'un négociant français, bon
vivant, nous gagnons tranquillement la ville. Casés à
la Locanda del Globo et restaurés ensuite d'un bon dîner,
nous voilà trottant, courant, piétinant dans les belles
rues de Livourne, admirant les nombreuses beautés
qui s'offraient à nos regards, visitant la cathédrale où
l'on allait confirmer, la belle synagogue des juifs où il
faut rester le chapeau sur la tête, l'église des Arméniens et celle des Grecs, où l'on officiait, et où nous
restâmes quelque temps pour voir les cérémonies de ce
culte.

LIVOURNE.

26 au 28 mai.

Livourne, ville moderne, bien bâtie, rues larges
tirées au cordeau, place superbe avec des portiques,
port franc, est située sur une plage verdoyante de niveau avec la mer, et renferme soixante-quinze mille habitans, faubourgs compris. C'est une des villes les plus
curieuses à voir, et pour ainsi dire le rendez-vous de
toutes les nations. Tout y respire, tout y sent le commerce; on rencontre partout des Turcs, des Égyptiens,
des Grecs, des Arméniens, des Juifs et des Anglais,
pêle-mêle avec des Hollandais, des Italiens, des
Français, etc. Chaque culte est également protégé, et
la police n'y est pas tracassière. Tout y est à bon compte,
excepté les loyers. On dîne bien pour deux ou trois
paoli (vingt à trente sols), et pour deux crazie (trois
à quatre sols) on déjeune avec d'excellent café au lait.
Les cafés sont beaux, bien tenus, et on y lit les journaux
français de toutes couleurs.

Quelle différence avec Naples!... Là, les deux ex-
trêmes se touchent; pas de classe intermédiaire, ou des
gens bien proprement mis, bien gantés, bien chaussés,
ou des gens sales, nus, étalés sur le pavé. Ici au contraire, grande propreté dans les rues, mise décente
chez tout le monde, égalité de rang, pas de canaille
oisive, pas de mirliflors qui battent le pavé, pas
de voitures qui vous assourdissent; on vend, on
cherche à vendre, on crie les marchandises, et on se
réunit dans les cafés et autres lieux en petites sociétés.

6

Les femmes qui ne sortent pas se mettent à leurs fenêtres. Peu de pays offrent un aussi grand nombre de beautés remarquables et sous des costumes plus variés.

Près de la ville est le coteau de Montenero, où lord Byron avait une maison de plaisance. Ce coteau, situé près de la mer, domine entièrement sur sa vaste étendue.

PISE (4 lieues et demie).

28 mai

On va de Livourne à Pise par une route plate, très-roulante, presque de niveau avec la mer, cotoyant d'une part un canal de l'Arno, et de l'autre une forêt de chênes verts et de myrtes; le terrain est fertile, et marécageux en partie.

Pise est une fort belle ville bâtie dans une plaine riante, et traversée par l'Arno; ses quais sont larges et ornés de superbes maisons; sur la rive gauche, on voit une petite église gothique qui est peu élevée; les rues, pavées en larges pierres, sont presque désertes, et la population, qui était autrefois de cent soixante mille habitans, est maintenant réduite à seize mille. Les cafés sont élégans; mais ce qu'il faut surtout admirer, ce sont quatre monumens bâtis sur la même place à une des extrémités de la ville, et qu'on embrasse d'un seul coup d'œil : le campanile ou la tour penchée, le dôme ou la cathédrale, le Campo-Santo et le Baptistère.

La tour effraie les regards : on la croit prête à tomber ; elle surplombe de quinze pieds. C'est un édifice singulier , tout en marbre blanc , et construit dans le douzième siècle ; deux cent sept colonnes formant huit étages composent sa circonférence , et deux cent quatre-vingt-treize marches conduisent par un bel escalier en spirale à la plate-forme, d'où l'on jouit d'une vue superbe sur la plaine, la ville, l'Arno, la mer et les Apennins. Il y a des personnes qui n'osent pas monter jusqu'à cette plate-forme.

La cathédrale, bâtie dans le onzième siècle, est un vaste et bel édifice orné à l'intérieur de soixante-quatorze colonnes disposées sur quatre rangs. Le pavé est une sorte de mosaïque; on admire surtout les trois portes de bronze, ouvrage de Jean de Bologne, dont les sculptures sont autant de chefs-d'œuvre.

Le Baptistère, en face du grand portail de la cathédrale, est une rotonde gothique, toute de marbre et bien proportionnée.

Le Campo-Santo, qui se trouve derrière et entre ces deux édifices, est une vaste enceinte formant un carré allongé, avec un portique pavé de marbre; on y voit des peintures fort anciennes, ainsi que des inscriptions et des tombeaux; au centre est le cimetière dont la terre, dit-on, vient de Jérusalem.

A Pise, les toitures des maisons avancent beaucoup, et beaucoup de palais ont des grandes tours, et des restes de peintures à fresque.

Du reste nous y avons rencontré bon nombre de jolies filles.

ROUTE DE PISE A FLORENCE. (17 lieues.)

29 mai.

Montés dans un carrosse, à six heures du matin, nous avons presque toujours suivi la rive gauche de l'Arno, à travers des champs délicieux et sur un chemin qui ressemblait plutôt à une allée de jardin qu'à une grande route. Nous avons traversé plusieurs bourgs et villages, où nous vimes beaucoup de jeunes filles travailler à ces jolis et légers chapeaux de paille qu'elles nattent, tressent et cousent avec tant de dextérité. On nous changea de chevaux à moitié route, et à quatre heures nous entrâmes dans la capitale de la Toscane, où nous allâmes loger chez madame Hombert, qui tient sur le quai un vaste hôtel bien achalandé.

FLORENCE.

29 mai au 6 juin.

Située sur les bords de l'Arno, qui la divise en deux parties inégales, et qu'on traverse sur quatre ponts de pierre, cette ville, peuplée de quatre-vingt-deux mille habitans, est entourée de collines riantes et a deux lieues de circonférence. Ses rues, la plupart obliques, sont pavées en larges dalles irrégulières, et les maisons mal percées, et bâties avec une pierre grisâtre, lui donnent, au premier abord, un aspect un peu triste.

Florence est du reste la ville des beaux-arts; ses palais, ses places, ses églises, les monumens publics abondent en ouvrages précieux de sculpture et de peinture.

La célèbre galerie de Médicis est, comme on sait, une des plus belles qui existent; elle occupe le second étage d'un vaste édifice situé entre la place du vieux palais et l'Arno, et consiste en deux longs corridors parallèles réunis par une troisième aile, autour desquels existent une vingtaine de salons ou cabinets qui renferment les objets les plus précieux.

Dans les trois corridors, dont la voûte est peinte en arabesques, on admire, parmi tous les bustes des empereurs romains, un grand nombre de morceaux de sculpture, et les tableaux des peintres florentinais; deux Mercure, plusieurs Bacchus, entre autres celui de Michel-Ange, une bacchante, et une Léda.

Dans le salon des bronzes modernes, il ne faut pas oublier le Mercure de Jean de Bologne; on ne saurait rien imaginer de plus léger et de plus gracieux.

L'Hermaphrodite et la Niobé, dans un autre salon, méritent aussi de fixer l'attention des amateurs, ainsi qu'un Brutus par Michel-Ange, qui n'est pourtant qu'ébauché.

Mais c'est dans le salon octogone dit la Tribune qu'on a réuni les principaux chefs-d'œuvre de la sculpture et de la peinture: on y voit la Vénus de Médicis, l'Apollino, le Rotateur, le Faune et les Lutteurs, puis une quarantaine de tableaux des premiers maîtres, cinq ou six de Raphaël (dont la Fornarina, deux Sainte-Famille et le Saint Jean dans le désert), les deux Vénus si attrayantes du Titien, la voluptueuse Bacchante du Carrache, la belle Sybille du Guerchin, la Madone de Jules Romain, et la Vierge en contemplation du Cor-

rège ; tous ces chefs-d'œuvre encore si brillans de coloris, et d'autres que je ne nomme point, frappent d'autant plus, qu'on les considère davantage : on s'en ar-
rache avec peine.

Le palais Pitti, qui est la demeure du grand-duc,
n'est pas moins admirable sous ce rapport. Rien de notable à la façade extérieure, qui manque d'élégance et
de légèreté, mais rien de plus magnifique que les divers
salons de l'intérieur, dont la plupart portent les noms
des dieux de l'Olympe ; on y voit aussi des tableaux des
premiers maîtres, et, dans un cabinet particulier, la
belle Vénus de Canova qui soutient le parallèle avec
celle de Médicis : ce mot seul en fait l'éloge.

Le palais Pitti est adossé à la colline en étages des
jardins de Boboli. Ce jardin parfaitement distribué est
le plus beau de l'Italie en ce genre ; les allées, les bosquets, les berceaux, les bassins, les grottes, les perspectives, la végétation, tout y est admirable.

Le muséum d'histoire naturelle et les cabinets de
physique et d'anatomie sont attenans au même palais ;
l'anatomie, qui représente en cire coloriée toutes les
parties du corps humain, occupe un grand nombre de
chambres.

Près de Boboli se trouve le Poggio, autre demeure
du grand-duc à laquelle on arrive par une belle avenue de cyprès et de grands chênes verts, hors la porte
de Rome.

Les *Cascines*, situées dans une direction opposée à
Boboli, sur la rive droite de l'Arno et hors la porte Del
Prato, sont la promenade la plus fréquentée ; c'est le
rendez-vous des équipages, des cavaliers, et du beau
monde. Les arbres y sont superbes, et la fraîcheur

délicieuse. En s'y promenant à la chute du jour, on y voit des myriades de mouches lumineuses voltiger en tous sens.

Hors la porte San-Gallo (route de Bologne), est une promenade enclose, dont la porte du milieu se trouve vis-à-vis l'arc de triomphe élevé en l'honneur de François III.

Les églises sont fort nombreuses à Florence (cent cinquante), mais presque toutes sont restées inachevées à l'extérieur. La plupart renferment des tableaux et des morceaux de sculpture d'un grand prix, et sont décorées de riches ornemens. Des cimetières à portiques règnent tout autour de ces monumens.

La cathédrale, tout incrustée en marbres blanc et noir en style gothique, étonne par sa masse et par la hardiesse de sa coupole. Le portail est lourd, mais le clocher (campanile) qui est sur le côté, est bien proportionné; on y monte par un escalier de quatre cent six marches, et de là on jouit du panorama de la ville et de ses riantes collines; cette tour est carrée, et incrustée de marbres blanc et noir. Vis-à-vis le portail est le beau baptistère octogone, également en marbre, et dont les trois portes en bronze sont d'un travail si parfait que Michel-Ange disait qu'elles mériteraient d'être les portes du paradis. C'est dans ce temple qu'on fait tous les baptêmes.

L'église de Santa Croce est le panthéon florentinais: on y voit les mausolées des grands hommes dont Florence a été le berceau, tels que ceux de Galilée, de Michel-Ange Buonarotti, de Machiavel, d'Alfieri, des docteurs Cocchi et Micheli, etc. Le Dante n'y est point encore; oubli inconcevable, mais qui sera bientôt réparé : on nous a dit que le sculpteur Ricci travaillait à son mausolée.

Parmi les places publiques de Florence, il faut citer celle du Grand-Duc, où l'on voit le vieux palais surmonté d'une tour très-élevée où existe un cadran qui indique l'heure de nuit, et plusieurs groupes et morceaux de sculpture, savoir : de Jean de Bologne (l'enlèvement d'une Sabine), du Donatello (Judith et Holopherne), de Cellini (Persée et Méduse), de Michel-Ange (David); puis la statue équestre de Cosme Ier, et une belle fontaine du même Jean de Bologne, représentant un Neptune colossal entouré de chevaux marins, de Tritons et de Néréides, etc.

Nous ne manquâmes pas de visiter la maison de Michel-Ange Buonarotti, où l'on conserve avec soin tout ce qui lui appartenait. Dans le salon d'entrée se voient des peintures représentant divers traits de la vie de ce grand homme et exécutées par divers artistes. Michel-Ange excellait à faire des ébauches; on nous en montra plusieurs d'une expression étonnante.

THÉATRES.

Il y en a six. Le plus grand est celui de la Pergola : on y joue les grands opéras et les ballets. Nous y avons vu représenter avec ensemble (3 juin) le chef-d'œuvre de la musique, le *Don Juan* de Mozart, et un ballet intéressant. La salle, qui n'offre rien à noter à l'extérieur, est parfaitement distribuée, et ornée avec goût et simplicité; on est commodément assis au parterre, où les dames sont mêlées avec les jeunes gens. Du reste, société choisie. Prix : 3 paoli (33 sous).

Le théâtre del Cocomero est bien distribué; aussi on

y joue l'opéra et la comédie. Nous y avons vu représenter un opéra nouveau (*Carlotta et Verter*). Acteurs
passables, musique assez bonne, salle propre, bonne
société. Prix : 1 paoli (11 sols.)

L'Arena del Godoni est un théâtre dans le goût des
anciens. On y joue la comédie en plein air. Le spectacle
commence à cinq heures du soir et finit entre sept et
huit. Nous y avons vu jouer (1er juin) *Stenterello fatto
Schiavo*, pièce bouffonne qui a beaucoup fait rire les
nombreux spectateurs qui garnissaient le parterre, les
gradins, l'amphithéâtre et les deux rangs de galeries qui
s'élèvent au-dessus. (Prix très-modique : 6 sols).

Les établissemens publics sont beaux et bien tenus.
Le grand hôpital (Santa-Maria-Nuova) et celui des
Enfans (Degl' Innocenti), ont de belles façades en
portiques avec des piliers d'ordre composite. Dans ce
dernier, on reçoit par an environ douze cents enfans.

Le dépôt de mendicité (Pia Casa di Lavoro), fondé
en 1816, est un bel établissement composé de plusieurs ateliers. On y renferme tous les mendians, qu'on
force de travailler. Leur nombre s'élève à près de
mille.

La compagnie Della Misericordia est un établissement de charité, composé de toutes les classes de la
société, et qui a pour but de donner des secours aux
malades et de les transporter à l'hôpital. Cette con-
frérie est riche, et très-respectée du peuple ; elle trans-
porte aussi les morts ; et comme chaque frère est couvert d'un capuchon, on ne connaît ni le rang ni l'état
de ceux qui portent le *cataletto* (espèce de brancard
noir et couvert).

Florence est une ville fort agréable à habiter : la fer-

7

tilité du pays et l'aménité de ses habitans permettent
de lui appliquer ces deux vers du Tasse :

> La terra molle, e lieta, e dilettosa
> Simili a se gli abitator produce.

Les vivres y sont abondans et à très-bon marché, et le
gouvernement n'est ni tracassier, ni inquisitorial. Il fa-
vorise l'instruction, et permet la libre circulation des
journaux et livres étrangers; et il est défendu aux gar-
diens de la galerie et des musées de rien recevoir des
curieux. Quelle différence, sous ce rapport, avec les
autres états de l'Italie !.....

Les femmes y sont charmantes. Excellente tenue, air
distingué, beaux yeux, de la grace, de l'aisance, mise
soignée (suivant les modes de Paris), etc. Voilà ce qui
frappe dans le beau sexe, quand on le rencontre dans
les promenades, les rues et les cafés.

Les femmes du peuple portent des chapeaux d'homme, garnis de plumes, et quelques-unes de longues et
larges boucles d'oreilles. Les jeunes gens sont en veste
de velours et portent de longues mèches de cheveux,
et la barbe longue sous le menton. On voit beaucoup
d'élégans porter des moustaches.

Quoiqu'on parle bon italien à Florence (1), l'oreille
est cependant désagréablement affectée d'un certain
son guttural. Généralement cette langue, chez le bas
peuple, a beaucoup moins de douceur qu'on ne l'i-
magine.

_____

(1) Ai Fiorentini, il prezzo di bel dire.

ROUTE DE FLORENCE A ROME,
PAR SIENNE, VITERBE, etc.
(60 lieues.)

Du 6 au 10 juin.

Cette route, très-inégale, très-montueuse, d'aspects très-différens, se fait en quatre jours et demi par les voiturins. On part de très-grand matin ; on se repose deux ou trois heures dans le milieu de la journée, et l'on couche le premier jour à Sienne; le second, à Ri-corsi, lieu sauvage et désert, entouré de hautes montagnes; le troisième, à Montefiascone; le quatrième, à Monterosi, et le cinquième, vers onze heures ou midi, on fait son entrée dans Rome.

Sienne, ville de dix-huit mille ames, est bâtie sur le penchant d'une montagne hérissée de mamelons; ses rues, bien pavées, montent ou descendent presque toutes. Sa cathédrale, en marbre, est le plus beau monument en style gothique que nous ayons encore vu en Italie; tout y est bien harmonisé, bien proportionné; la voûte de la nef est de couleur azur parsemée d'étoiles d'or; et le pavé est un marbre en mosaïque, avec des dessins fort curieux. La chaire est d'un travail exquis. Nous vîmes dans la sacristie, au milieu des premières peintures de Raphaël, le fameux groupe des trois Graces, qui est passablement délabré, et le tombeau du célèbre anatomiste Mascagni, mort il y a quelques années.

Il faut descendre de tous côtés pour arriver à la grande place Del Campo, où l'on voit une belle fon-

taine antique. Nous prîmes dans un café une bonne
glace au punch, pour 2 crazia (3 sols).

De Sienne à San-Quirico et à la poste de Ricorsi, le
sol est moins riche en végétation; il est crayeux, et plus
coupé et dégradé par les torrens. Du reste, points de
vue assez intéressans, quoique sauvages.

De Ricorsi on va à Pontecentino, où l'on trouve la
douane papale; et de là à Aquapendente, bourg pittoresquement situé sur une colline élevée et boisée.
Nous y déjeunâmes. Ici la route commence à devenir
volcanique. Nous passâmes par San-Lorenzo-Nuovo,
d'où l'on domine sur le beau lac de Bolsenne, qui a
trente milles de circuit, et qui est entouré de montagnes
couvertes de bois épais (chênes et châtaigniers). Nous
cotoyâmes ce lac; nous longeâmes Bolsenne, et par
une longue montée nous arrivâmes un peu tard à Montefiascone, où nous bûmes au souper d'excellent petit
vin blanc, d'un goût muscat, à l'albergo *Est*, *Est*,
Est (1)!

Montefiascone domine une grande étendue de pays.
De là on descend beaucoup pour gagner Viterbe, ville
située au pied du mont Ciminio, et dont les rues sont
pavées en grands morceaux de lave polie, et où l'on

---

(1) Un prélat allemand, grand amateur du jus de la treille, voya-
geant en Italie, se faisait précéder par un domestique qui, chargé
du soin de déguster le vin de chaque auberge, écrivait sur l'agenda
de son maître le mot *est* quand il le trouvait bon, *est*, *est*, quand
il était excellent; et enfin, arrivé à Montefiascone, il trouva le vin
si exquis, qu'il mit trois fois *est*; le prélat enchanté ne voulut
point aller plus loin; il se fixa à Montefiascone, et y mourut : son
tombeau est dans l'église. Telle est l'origine de cette enseigne extraordinaire.

voit d'assez belles fontaines. De là , après avoir monté
pendant plus de deux heures par une belle route, tracée au milieu d'un bois de chênes et de châtaigniers ,
nous aperçûmes le lac de Vico , au milieu de collines
boisées. Nous le cotoyâmes par une longue descente,
jusqu'à Ronciglione, où nous arrivâmes à midi. Pendant
qu'on préparait le déjeuner, nous allâmes voir le bourg;
et nous descendîmes dans un vallon profond où l'on
trouve des cavernes creusées dans le tuf , des cascades ,
des forges, une fabrique de papiers, et des points de vue
pittoresques. Un orage éclata pendant notre repas.

En quittant Ronciglione, on trouve sur la route des
pâturages, des laves, une soufrière, des eaux stagnan-
tes , et le petit lac de Monterosi.

De Monterosi on arrive par un chemin inégal, à-tra-
vers des pâturages , à la poste de Baccano, d'où l'on
voit la coupole de Saint-Pierre, à dix-sept milles de
distance. On la perd bientôt de vue pour la retrouver
à Ponte-Molle, où l'on passe le Tibre. La ville des Cé-
sars et des papes se découvre alors en grande partie;
mais rien de plus triste que la campagne inégale qu'on
traverse pour y arriver : point d'arbres , point d'habitations, point de perspectives (1) !..... Un sol poudreux,
des buissons où l'on voit briller, au milieu de fougères
et de chardons, le genêt odorant d'Espagne; de maigres

---

(1) « C'est du milieu de ce terrain inculte que s'élève la grande
ombre de la ville éternelle. Déchue de sa puissance terrestre . elle
semble dans son orgueil avoir voulu s'isoler : elle s'est séparée des
autres cités de la terre, et, comme une reine tombée du trône ,
elle a noblement caché ses malheurs dans la solitude. »

CHATEAUBRIAND.

pâturages, de maigres céréales, et le prétendu tombeau de Néron, sur la voie Flaminienne; voilà ce qu'on trouve, avant de passer la promenade, flanquée de murailles, qui précède la Porte du Peuple.

10 juin.

L'entrée de Rome, de ce côté, est tout-à-fait imposante. De cette Porte du Peuple, la plus belle des seize de la ville, on découvre à la fois la belle place du même nom, les trois belles rues qui y aboutissent, le bel obélisque égyptien qui est au milieu, les deux églises en face et les deux fontaines latérales. Nous primes un appartement garni, Via di Pietra, près la grande douane (l'ancien temple d'Antonin), où l'on mène d'abord tous les voyageurs qui arrivent à Rome. Nous dînâmes de bonne heure, chez un restaurant à la carte, avec deux de nos compagnons de voyage; et nous nous disposions à faire une longue promenade, dans la ville, quand un orage éclata, et nous força, par la continuité de la pluie, de garder la chambre le reste de la journée.

ROME.

Du 10 au 19 juin.

Nous voilà enfin dans cette Rome, dont le nom seul réveille tant et de si grands souvenirs!..... Cette Rome si riche encore des débris de ses vieux monumens, et si riche aussi en modernes édifices..... Nous voyons les uns et les autres, nous les contemplons, nous les admirons. nous sommes émus, ravis, étonnés de tant de grandeur, de tant de magnificence!..... Le nombre des chefs-d'œuvre en tous genres surpasse l'imagination ; on ne sait où s'arrêter le plus ! Ici l'architecture attire toute l'attention par la grandeur des objets, l'harmonie des proportions, l'élégance des formes, la beauté des ornemens ; là, le ciseau, le pinceau, étalent à l'envi tous leurs prodiges ; et au milieu de toutes les merveilles qui nous entourent, de ce sol que nous foulons de tous côtés, de la diversité des sentimens qui nous oppressent, nous ne savons par où commencer notre nomenclature ! Nous ne voulons que citer et ne rien décrire, pour n'être point le stérile copiste des aures !..... Qui d'ailleurs n'a entendu parler de Rome, u n'a lu quelques écrits sur cette antique cité, aurefois maîtresse de l'univers, et réduite maintenant à ouer un si pitoyable rôle !.....

Oh ! sei tu Roma, o d'ogni vizio il seggio. ....

ALFIERI.

Nos premiers empressemens ont été pour la fameuse basilique de Saint-Pierre, le chef-d'œuvre de l'architecture, et la première église du monde. Situé sur une place (la plus belle peut-être de l'Europe), précédé d'un majestueux portique, demi-circulaire, à quatre rangs de colonnes, ce monument, tout étonnant qu'il est, ne frappe point d'abord la vue ; tant l'harmonie des proportions est bien observée : c'est le grandiose, le sublime du genre dans toute sa magnificence. La façade seule, comme l'observe Simond, ressemble trop à celle d'un palais. A la troisième visite que nous y fîmes, nous montâmes dans la coupole et jusque dans la Palla (gros globe de bronze doré qui soutient la croix). On y arrive par une échelle de fer, enchâssée dans la lanterne, et si serrée qu'à peine pouvions-nous y passer. Entrés l'un après l'autre, au nombre de quatre, dans la boule, nous n'en occupions que le tiers ou le quart, et cependant vue de la place, cette boule ne parait pas plus grosse qu'un chapeau. La chaleur étouffante qui y régnait nous fit promptement déguerpir de cette fournaise ; à la sortie de laquelle nous allâmes visiter le Vatican, masse compacte de bâtimens qui nuit à l'effet de Saint-Pierre.

VATICAN.

Cet immense palais, le plus grand de l'Europe, occupe, avec ses accessoires, une étendue de quatre milles et demi. On y compte vingt-cinq cours, deux cent huit escaliers, cent douze fontaines, et plusieurs milliers de salles, chambres et cabinets. Nous y avons vu, dans la chapelle Sixtine, l'immense et bizarre peinture à fresque du jugement dernier, par Michel-Ange ; la galerie connue sous le nom de Bible ou Loges de Raphaël ; les quatre grandes chambres peintes à fresque, par ce grand artiste, et dont les sujets sont : plusieurs traits de la vie de Constantin ; la Prison de saint Pierre, à trois lumières différentes ; l'École d'Athènes, et l'Incendie du Bourg. Dans la quadreria, on admire le chef-d'œuvre de ce génie : la Transfiguration, et celui du Dominiquin : la Communion de saint Jérôme. On y voit encore le Martyre de saint Erasme, par notre célèbre Poussin ; le portrait en pied de George IV, par

Lawrence, et d'autres tableaux d'un grand prix (1).

Le musée des sculptures est prodigieux par le nombre d'objets qu'il renferme; il y a des galeries d'une grande beauté, et, dans des rotondes particulières, nous vîmes l'Apollon du Belvédère, la plus belle statue qu'on connaisse; le Laocoon, le plus beau groupe de la sculpture; l'Antinoüs; un torse d'Hercule; puis les Lutteurs, et un Persée du célèbre Canova.

Pour ne pas sortir du sujet, disons un mot du Capitole moderne (Campidoglio), construit sur les dessins de Michel-Ange; il y a aussi un musée de sculptures, une *quadreria*, et une collection intéressante des bustes des hommes illustres de l'Italie, dont la plupart sont de Canova.

> Tous les siècles y sont, on y voit tous les temps :
> Là sont les devanciers avec leurs descendans.

Au milieu de la cour des trois bâtimens du Capitole, est la belle statue équestre, en bronze doré, de Marc-Aurèle: le cheval est admirable d'expression. Dans les galeries du musée, on voit les bustes de tous les grands hommes de l'antiquité, poètes, philosophes, historiens, empereurs, etc., et une foule de morceaux de sculpture plus ou moins anciens, et dont la plupart n'ont de mérite que leur vétusté.

Dans la quadreria, nous avons remarqué deux Sibylles, l'une de Guerchin, et l'autre du Dominiquin;

_____

(1) De tous ces tableaux, celui du Dominiquin est peut-être le plus parfait : rien n'y manque, composition, dessin, coloris ; à l'imitation exacte de la nature on y trouve réunie toute la magie du beau idéal.

la Louve allaitant Romulus et Rémus, de Rubens; un
saint Sébastien du Guide; une Sainte-Famille, de
J. Romain; une Europe, de P. Véronèse; une Cléopâtre
devant Auguste; le martyre de sainte Pétronille, du
Guerchin, etc.

A droite du Capitole et sur la hauteur se trouve, au
fond d'une espèce de cour, la fameuse roche Tar-
péienne, d'où l'on pourrait aujourd'hui se précipiter
sans crainte de se tuer : et des fenêtres de ce bâti-
ment, on découvre tout le *forum romanum*, actuellement Campo-Vaccino, vaste place couverte des débris
des anciens monumens romains (les temples de la For-
tune, de la Concorde, de Jupiter Stator, de Faustine,
de la Paix, du Soleil, les *Rostra*, le Palais doré de Néron), dont plusieurs se sont assez bien conservés : tels
sont les trois arcs de triomphe en l'honneur de Sep-
time-Sévère, de Titus et de Constantin, et le fameux
Colysée, édifice colossal encore si imposant et si majestueux, dont nous avons fait le tour des immenses galeries du premier étage. On ne peut se défendre de certaines émotions en parcourant ce forum, vaste cimetière de siècles avec leurs monumens funèbres, ce forum que Cicéron a fait retentir tant de fois des foudres
de son éloquence, et où on n'entend actuellement que
les mugissemens des bœufs et des vaches!......

Parmi les anciens monumens bien conservés, il faut
citer ce Panthéon d'Agrippa, actuellement Sainte-
Marie de la Rotonde, où l'on voit les tombeaux de Raphaël et d'Annibal Carrache l'un auprès de l'autre. Le
jour vient dans le temple par une ouverture circulaire
pratiquée au haut de la coupole, qui en éclaire parfaitement toutes les parties. On sait que cette coupole a

servi de modèle à toutes les autres, et que c'est le génie de Michel-Ange, ou plutôt du Bramante, qui a su la transporter dans les airs à Saint-Pierre.

Comment passer sous silence, et cette incomparable colonne Trajane, située dans le forum du même nom, et à l'imitation de laquelle on a construit celle de la place Vendôme; et cette autre colonne en l'honneur d'Antonin, et ces obélisques égyptiens d'un seul morceau de granit, qui décorent les places de Rome?.... Je ne parle pas des anachronismes qu'on a faits en plaçant sur ces antiques monumens des statues de saints: voyez comme les trophées militaires de Trajan et les hiéroglyphes vont bien aux apôtres du christianisme!.....

Les Romains, en toutes choses, n'avaient que des idées gigantesques. Voyez ce qui reste des Thermes de Titus, de Dioclétien (1) et de Caracalla; des mausolées d'Auguste, d'Adrien (château Saint-Ange), de Caïus Sextus, de Cecilia Metella; du temple de la Paix par Vespasien, des cirques et de cette foule de monumens en tous genres, où le marbre, le porphyre, le granit; les mosaïques, le bronze et l'or étaient à profusion, etc.

Les Romains modernes ont mis à profit tant de richesses; ils ont dépouillé tous ces vieux monumens pour en orner leurs palais, leurs temples, leurs *villa* et leurs musées: ils n'ont laissé sur place que des colonnes

---

(1) L'une des salles des thermes de Dioclétien, s'étant parfaitement conservée, devint, par les soins de Michel-Ange, l'une des plus belles églises de Rome (Santa-Maria-degli-Angeli). Nous y avons vu une admirable fresque du Dominiquin, représentant le Martyre de saint Sébastien, et quelques autres tableaux plus ou moins remarquables.

tronquées, des débris de pavés, de sculpture, et les carcasses en briques si solides de ces vieux édifices que des plantes de toute espèce couvrent de leur feuillage, et où l'on voit brouter des chèvres.

Parlons maintenant de Rome en général.

C'est une grande et belle ville de cinq lieues de tour, ayant seize portes, et bâtie sur une dizaine de collines couvertes de jardins, ce qui lui donne un aspect très-pittoresque et très-agréable à l'œil, quand on l'examine des endroits élevés qui la dominent. Elle a la forme d'un carré allongé et irrégulier, divisé en deux parties inégales par le Tibre, qu'on passe sur quatre ou cinq ponts qui n'ont rien de remarquable. Les rues sont pavées en petits grès comme dans la plupart de nos villes de France, et, excepté les trois principales (vie del Corso, del Babuino, del Ripetto), qui aboutissent à la porte du Peuple, et cinq à six autres, elles sont montantes et irrégulières.

Ce qui fait l'ornement de Rome, ce sont les places publiques avec les monumens et les fontaines qui les décorent, les nombreux palais qu'on y trouve et les délicieuses *villa* qui l'entourent de tous côtés. Parmi les places, il faut citer, outre celle du Peuple et de Saint-Pierre, la place Navonne, avec la belle fontaine du Bernin représentant les quatre grands fleuves du monde avec leurs attributs; la place de Monte Cavallo avec la fontaine, où sont ces deux chevaux colossaux attribués à Phidias et à Praxitèle; la place du Trévi, où est la belle fontaine de l'acqua Vergine, la meilleure eau qu'on boive à Rome; la place d'Espagne avec sa fontaine en barque et le bel escalier en marbre de la Trinité-des-Monts; la place Colonne, où est la colonne Antonine, et celle du mont Citorio avec son obélisque égyptien. Outre les fontaines dont nous venons de parler, on en voit une infinité d'autres qui distribuent l'eau dans presque toutes les maisons. La fontaine Paolina, sur le Janicule, est celle qui fournit le plus gros volume d'eau.

Les églises, comme on le pense bien, sont fort multipliées dans Rome, et la plupart sont d'une grande richesse; il y a des chapelles seules qui ont coûté des millions: telles sont la chapelle Corsini à Saint-Jean-de-Latran, et les chapelles Pauline et Sixtine à Sainte-Marie-Majeure, les deux principales basiliques après Saint-Pierre. Nous avons visité un bon nombre de ces édifices, et partout nous avons vu briller les marbres les plus recherchés, le granit, le porphyre, l'albâtre, les pierres précieuses, le bronze, les dorures, les mosaïques, et surtout des peintures et des sculptures. Citons parmi ces dernières les mausolées de quelques papes à Saint-Pierre; la statue de ce saint en bronze (autrefois Jupiter Capitolin) dont les doigts du pied commencent à s'user à force d'être baisés par les fidèles; celle de Sainte-Thérèse à Santa-Maria della Vittoria par le Bernin, qui, dans ce corps délicat et abandonné, a plus représenté peut-être la langueur et la volupté que la béatitude religieuse, et le mausolée de Jules II par Michel-Ange à San-Pietro-in-Vincoli. Le Moïse est admirable d'expression; cependant quelques critiques le trouvent un peu forcé. N'oublions pas non plus les statues colossales des douze apôtres à Saint-Jean-de-Latran, et les bas-reliefs des riches chapelles de Sainte-Marie-Majeure.

Nous avons vu plusieurs processions à Rome; entre autres celle de la Fête-Dieu à Saint-Pierre, qui se fait le soir autour de la place de la basilique; mais, nous devons le dire, cette cérémonie se fait en France avec un appareil plus imposant, plus religieux, et beaucoup plus de recueillement et de propreté. Le pape; maigre et cassé, suivait immédiatement le Saint-Sacrement, porté sous un dais peu magnifique par un cardinal. Après le pape venaient les autres cardinaux, dont les soutanes rouges assez mal tortillées étaient portées par des espèces de laquais en surplis; le tout précédé des différens ordres du clergé, des séminaristes, des diverses confréries religieuses, avec force croix, force bannières, force lanternes, force musique, quelques troupes, et une vingtaine de jeunes filles masquées jusqu'aux yeux, et qu'on devait marier le lendemain; de ces yeux on voyait sortir des regards obliques qui n'avaient rien de pieux. Tout Rome s'etait pour ainsi dire donné rendez-vous à la place de Saint-Pierre, et cette place était loin d'être remplie!

Les *villa* de Rome offrent des promenades fort séduisantes aux étrangers, qui sont étonnés de n'y rencontrer personne. Le peuple, nobles comme gueux, préfère se promener dans la via del Corso et hors la porte du Peuple, dans un faubourg flanqué de hautes murailles, où l'on est suffoqué par la poussière et étourdi du roulement des voitures qui se succèdent sans interrruption dans le cours de la soirée.

Parmi les villa, nous avons visité la villa Borghèse qui est une des plus grandes, mais qui est pour ainsi dire abandonnée; la villa Médicis, actuellement académie française sur le Mont-Pincius (la vue y est admira-

ble, on domine sur tout Rome, et la vue se perd dans
un lointain horizon); et la villa Pamphile, qui, dans
sa vaste étendue, n'a rien de supérieur à ses jardins, à
ses eaux et à ses fontaines; elle a vue, d'un côté, sur
Saint-Pierre, et ailleurs sur d'autres villa et des campagnes qui paraissent en dépendre.

Les jardins du pape, au palais de Monte-Cavallo,
sont aussi fort agréables, et par la distribution des eaux
et des fontaines, et par la beauté des bosquets et
des allées sur un sol élevé et montueux. Dans une
grotte on voit un orgue qui joue par le moyen de
l'eau.

Il y a plusieurs théâtres à Rome. Nous sommes allés
deux fois al teatro Valle, salle bien distribuée et d'une
architecture simple. La seconde fois on jouait un drame
fort intéressant (*Chiara de Rosemberg*), dont le principal rôle et deux autres accessoires ont été bien joués. Jusqu'alors nous n'avions entendu dans le drame et la comédie italienne, qu'une déclamation fausse, criarde
et monotone, accompagnée de gestes outrés; là du
moins nous avons pu saisir de justes intonations de
voix, des scènes bien filées et une pantomime convenable; aussi le public n'a pas épargné les applaudissemens, et quand la toile fut baissée, à deux heures du
matin (le spectacle à Rome ne commence dans l'été
qu'à dix heures du soir), l'actrice a été obligée de venir saluer le public pour la troisième ou quatrième fois
et recevoir le tribut de sa satisfaction.

Le 16 juin, nous avons assisté, dans le mausolée
d'Auguste, actuellement converti en arène, au spectacle d'un combat d'animaux (giostra) Il y avait foule,
tant à l'amphithéâtre qu'aux galeries; à la première en-

tréc d'un taureau furieux (1), un des toréadors fut
renversé, ce qui nous fit frissonner ; un autre osa saisir
l'animal par les cornes, et, aidé de ses camarades, le
tint en respect quelque temps.

Les buffles, plus sauvages, nous amusèrent un peu ;
ils tombaient à coups redoublés sur des mannequins ha-
billés de rouge, qui, fixés par le bas, se relevaient dès
qu'ils étaient abattus. Plusieurs taureaux furent lancés
successivement, et combattus seul à seul par des chiens,
dont un fut tué raide et plusieurs blessés. Enfin, chose
incroyable, un de ces animaux, plus adroit que les autres, finit par saisir le taureau par les oreilles, le tint
ferme malgré les secousses qu'il éprouvait, soit par les
roulemens de son adversaire sur le sol, soit par l'action
énergique des muscles de son col, et finit par le vain-
cre, au milieu des acclamations du public. Le maître
du triomphateur remporta ainsi le prix modique qui
lui était adjugé par le programme.

La population de Rome est actuellement de cent
trente-huit mille ames. Sous l'empereur Claude elle s'é-
levait, d'après Tacite, à près de sept millions avec les
faubourgs.

Il y a, comme on le pense bien, force prêtres, force
moines de tous les ordres, et, comme on le pense bien
aussi, ce sont eux qui ont la main haute partout.

(1) Les tauréaux, ainsi que les bœufs romains, sont remarquables par la beauté et la longueur de leurs cornes. Les gens de la
campagne se servent de ces derniers pour les attelages de char-
rettes. Le nombre en est quelquefois prodigieux aux portes de
Rome ; le jour de notre entrée dans cette ville, nous ne savions
comment passer dans le faubourg de la porte del Popolo, qui en
était encombrée.

Cependant les étrangers vivent à Rome avec assez de liberté. La passion du peuple pour la loterie est excessive à Rome; il en est à peu près de même dans toute l'Italie. Les femmes y sont malheureuses par les mesures de rigueur que le gouvernement déploie contre elles depuis quelques années; il aura beau faire, jamais sous un climat chaud, énervant et voluptueux, on ne pourra ramener les mœurs à cette retenue, à cette pudeur, à cette sévérité de maintien qu'on trouve ailleurs; sous ce rapport, donc, les Romaines tienent beaucoup des Napolitaines, mais elles leur sont supérieures par la beauté du visage et la douceur de la prononciation; elles sont surtout remarquables par leurs belles épaules, et par l'embonpoint que la plupart prennent de bonne heure. Les femmes du peuple attachent leurs cheveux 'avec une large épingle qui ressemble à une lardoire; on en voit qui portent une espèce de bonnet ou large mouchoir qui leur tombe sur les épaules. Les hommes portent un chapeau pointu comme le cône d'un pain de sucre.

Les logemens et les vivres sont à bon marché à Rome; on y boit un excellent petit vin, et l'on y consomme une quantité prodigieuse de sorbets et de glaces.

EXCURSION A TIVOLI ET A LA VILLA ADRIANA.

(6 lieues.)

Dimanche 15 juin.

Partis de grand matin dans une calèche avec M. Louis Conti, jeune Milanais fort aimable avec qui nous avions

lié connaissance, nous traversons une campagne triste,
privée d'arbres, et que le brouillard épais du matin
rendait encore plus affreuse (1). Aux deux tiers du chemin nous passons sur un canal dont les eaux bleuâtres,
provenant d'un lac sulfureux du voisinage (la Solfatare),
exhalaient une forte odeur d'hydrogène sulfuré ; de là,
sur le penchant d'une haute montagne couverte d'oliviers, la ville de Tivoli (Tibur) se montre à nos regards d'une manière pittoresque. Nous gravissons la
montagne à pied, et entrés dans la ville, nous sommes
étonnés de l'aspect triste qu'elle nous offre. Nous déjeunons tant bien que mal, et malgré la chaleur étouffante
qui régnait, nous nous mettons en route sous la conduite de notre cicerone, et nous visitons successivement la grande cascade ou chute de l'Anio, les temples
de Vesta et de la Sybille, la grotte de Neptune, et celle
de la Syrène où l'Anio (Teverone) se perd un instant.
Nous remontons, et, suivant le contour de la montagne, nous arrivons devant les cascatelles, dont la vue
est plus agréable encore que celle de la grande cascade.
Nous poursuivons le chemin par un sentier cotoyant le
cours impétueux de l'Anio, que nous passons sur un
pont, en laissant derrière nous la villa de Varus et celle
d'Horace, pour gagner, sur une hauteur, la villa de
Mécène, que nous visitons en détail. Du haut de la
terrasse de la maison, on jouit d'une admirable perspective ; la vue s'étend sur le vallon profond de l'Anio,
sur le pays des Sabins, sur Rome, sur la mer, sur Fras-

(1) L'ancienne voie Tiburtine, qui traverse cette campagne,
était jadis bordée de sépulcres : on y voit encore le tombeau ou
mausolée de la famille Plautia, bâti en forme de tour.

cati, Tusculum et autres montagnes à l'horizon (1).
Continuant de monter, nous arrivons à la villa d'Este,
où nous ne trouvons personne ; nous rentrons alors
dans Tivoli, et avant de dîner nous allons nous plon-
ger dans les eaux froides de l'Anio au milieu de rochers
où les flots se brisaient.

A notre retour, nous nous arrêtons au pied du mont
Ripoli, occupé jadis par les maisons de Brutus, d'Atti-
cus, et où se trouve la villa Adriana, dont nous visitons
les immenses ruines, au milieu de décombres, d'arbres et
de plantes de toute espèce que nous foulons aux pieds,
en parcourant le Prytanée, les temples, la bibliothèque,
le vallon de Tempé, les souterrains du palais, les
thermes, les fontaines, les logemens des gardes préto-

(1) « Il serait difficile de trouver dans le reste du monde une vue
plus étonnante et plus propre à faire naître de puissantes réflexions. Je ne parle pas de Rome, dont on aperçoit les dômes, et
qui seule dit tout ; je parle seulement des lieux et des monumens
renfermés dans cette vaste étendue. Voilà la maison où Mécène,
rassasié des biens de la terre, mourut d'une maladie de langueur.
Varus quitta ce coteau pour aller verser son sang dans les
marais de la Germanie ; Cassius et Brutus abandonnèrent ces re-
traites pour bouleverser leur patrie ; sous ces hauts pins de Fras-
cati, Cicéron dictait ses *Tusculanes ;* Adrien fit couler un nouveau
Pénée au pied de cette colline, et transporta dans ces lieux le nom,
le charme et le souvenir du vallon de Tempé ; vers cette source
de la Solfatare, la reine captive de Palmyre acheva ses jours dans
l'obscurité ; ce sont là les montagnes des vieux Sabins, les plaines
de l'antique Latium, terre de Saturne et de Rhée, berceau de l'âge
d'or, chanté par tous les poètes, rians coteaux de Tibur et de Lu-
crétile, dont le seul génie français a pu retracer les graces, et qui
attendaient les pinceaux du Poussin et de Claude Lorrain. »

CHATEAUBRIAND, *Lettre à M. de Fontane.*

riennes, les théâtres, la naumachie, etc. Il était dix
heures du soir quand nous rentrâmes dans Rome,
que nous quittâmes trois jours après avec grand regret.

DE ROME A ANCONE, PAR TERNI ,·FOLIGNO ET LORETTE.

(Environ 65 lieues; cinq jours et demi de marche.)

Cette route, qui passe par les amphithéâtres élevés
des Apennins, en traversant la Sabine, l'Ombrie et la
Marche-d'Ancône, offre beaucoup de variété par la nature du terrain et les diverses perspectives d'un sol tout
bouleversé, et coupé de gorges, de torrens, de vallons.

19 juin.

Sortis de Rome, à quatre heures du matin, par la
porte du Peuple, nous passons de nouveau le Tibre à
Ponte-Molle (Æmilius), célèbre par l'arrestation des
complices de Catilina et par la victoire de Constantin
sur Maxence. Nous traversons rapidement la campagne
de Rome, Baccano, Monterosi, et, prenant la route de
Lorette, nous gagnons Nepi, située sur une colline, et,
à six heures du soir, nous arrivons à Cività-Castella, où
nous passons la nuit. Cività-Castella, bâtie sur une
montagne, possède plusieurs fontaines, une citadelle,
une vue étendue et un pont très-élevé au-dessus d'un
vallon profond ; sur la route, plusieurs montées, bois
de chênes, ravins et torrens.

Partis à trois heures du matin, nous montons et nous descendons plusieurs collines ; nous traversons des champs où l'on moissonnait ; nous passons le Tibre sur un beau pont de pierres ; nous traversons ensuite le bourg de Narni ; puis nous cotoyons la Nera, dont le lit est profondément encaissé au bas de montagnes rapprochées, et nous arrivons vers midi à Terni, ville agréablement située entre deux bras de la Nera dans une vallée fertile.

EXCURSION A LA CATARACTE DU VELINO.

Après un maigre déjeuner, nous prîmes une calèche de poste, et nous nous fîmes conduire à deux lieues dans les montagnes pour voir la fameuse cataracte *delle Marmore*, regardée comme l'une des plus belles de l'Europe.

Cette cataracte (caduta), dont nous visitâmes le site en détail, est formée par le Velino, qui d'un lit élevé précipite ses eaux impétueuses dans la Nera par trois chutes successives, dont la première seule est perpendiculaire et a trois cents pieds d'élévation. Tombant d'abord dans une espèce de bassin entouré de gros rochers, les flots, après s'y être brisés avec force, se dissipent en partie en poussière humide, formant des arcs-en-ciel par la réflection des rayons solaires ; puis, coulant avec une rapidité effrayante sur un sol très-incliné, ils forment une seconde cascade ; puis par une autre

pente moins raide ils se précipitent en une troisième
cascade dans la Nera. Les deux fleuves alors, confondant leurs eaux, les roulent par tourbillons et par
écume dans un vallon profond et encaissé, et sur un
lit tortueux dont les bords sont ombragés d'arbres.
Tout le site est vraiment admirable; la végétation y est
superbe; le nu des rochers est masqué par des plantes
qui tombent en festons; les montagnes sont boisées, les
sentiers bien ombragés; et l'on traverse une belle pro-
priété sur la rive droite de la Nera. On observe sur les
rochers et dans leurs excavations un nombre infini de
concrétions calcaires cristallisées, formées par le dépôt
des eaux du Velino. Du reste, le chemin de Terni à la
cataracte est assez agréable : il est bordé de haies vives ,
de saules, d'ormes et de petits ruisseaux, jusqu'au village qui est au pied de la montagne escarpée qu'il faut
gravir pour arriver au Velino, entre le roc à pic d'un
côté et des précipices de l'autre.

Rentrés à Terni sur les cinq heures, nous repar-
times peu après; et, traversant des massifs d'oliviers,
nous vînmes coucher à la Strettura, village enfoncé
dans les gorges de l'Apennin, sur les bords d'un
torrent.

21 juin.

Montant et descendant la Somma, la plus haute montagne de cette partie de l'Apennin, nous venons gagner
Spoletto, ville pittoresquement située à mi-côte dans
une belle position; et, continuant notre route par une
plaine de dix-huit milles de long, plantée d'arbres, et
dont on moissonnait les blés, nous arrivâmes avec une

chaleur étouffante à Foligno (midi), où nous restâmes jusqu'à deux heures du matin.

A moitié chemin de Spoletto à Foligno, on voit un petit temple ancien, près du Clitumne, petite rivière qui sort de dessous un rocher, et sur la droite se montre Trevi, bâtie en amphithéâtre sur le penchant d'une colline.

Foligno, ville assez bien bâtie, est située dans un bassin fertile que l'Apennin circonscrit de toutes parts. Il y règne de l'activité, et de tous côtés, sur les remparts, on jouit d'une belle vue. La cathédrale est bien à l'intérieur, et offre un baldaquin comme à Saint-Pierre. Le soir, à neuf heures, nous fûmes au théâtre d'Apollon, où l'on jouait un drame et une comédie bouffonne; mauvaises pièces, mauvais acteurs, mais une des plus jolies salles qu'on puisse voir : elle est nouvellement construite, et décorée avec un goût exquis; elle a cinq rangs de loges (à vingt par file), un parterre appuyé; et les rideaux, ainsi que le plafond, sont bien peints: c'est un modèle à imiter.

22 juin.

En quittant Foligno, nous ne tardâmes pas à rentrer dans les Apennins, dans le cœur desquels nous voyageâmes presque toute la journée, tantôt sur des amphithéâtres, tantôt dans des gorges resserrées au milieu de vallons, de ruisseaux, et enfin en suivant le cours varié de la Chienta qui reçoit un grand nombre de torrens, et dont les bords sont plus ou moins riches de végétation ; nous passâmes par Serravalle, bourg enfoncé entre des montagnes très-rappochées, Ponte della

Trave, Valcimare, et nous couchâmes à Tolentino,
ville située sur une colline qui domine des bouquets
d'arbres et une assez grande étendue de pays. Là on
quitte les Apennins, et l'on voyage sur une belle route
bordée de haies vives, d'arbres divers, au milieu de
champs, de prairies, de vergers, quelques fermes à
droite et à gauche jusqu'à Ancône, et çà et là des collines, où sont bâties des villes et des villages qui dominent le pays jusqu'à la mer Adriatique.

Nous passâmes, le 23 juin, par Macerrata (ville de
douze mille ames, entourée de remparts et de promenades extérieures ayant vue sur la mer, et sur une belle
plaine coupée de collines) par Recanati, et par Lorette,
où nous couchâmes.

LORETTE.

24 juin.

Dès quatre heures du matin nous étions à visiter
l'église, sous la coupole de laquelle se trouve la fameuse
maisonnette de la vierge (Casa Santa), où déjà de nombreux fidèles se trouvaient réunis. Cette maisonnette,
qui est en briques noircies par la fumée des lampes et
des bougies, a été, dit-on, transportée de Nazarette en
Dalmatie, et de là au lieu qu'elle occupe, par des anges
qui l'avaient préalablement détachée de ses fondations
et de son pavé, ce qui a rendu Lorette le plus célèbre
lieu de pèlerinage de la chrétienté. Cette maisonnette
au surplus est revêtue d'un superbe encaissement en
marbre de Paros, avec des colonnes qui le soutiennent.

un architrâve, et des niches, où sont placées les statues des prophètes et des sibylles.

L'intérieur est éblouissant de luxe, et la statue de la Vierge, en bois de cèdre, est couverte d'une robe où brillent des diamans et des pierres précieuses.

Le trésor, qui est dans la sacristie, renferme les dons (or , argent, pierreries) offerts par différens personnages : on nous en a montré du prince Eugène, viceroi d'Italie; de Murat, roi de Naples; des rois et reines d'Espagne, des princesses de Savoie, de Pologne, etc.

Le plafond de cette sacristie est orné de peintures , parmi lesquelles est une figure de prophète, qu'on voit également bien de tous côtés, et qui de tous côtés a l'air de vous regarder.

Dans le vestibule se trouve un très-beau tableau de Guido Reni , représentant la madone au milieu de six jeunes filles au travail , toutes plus jolies les unes que les autres.

Nous vîmes dans l'église des pénitentes se confesser aux capucins, et des fidèles qui, faisant à genoux le tour de la *santa casa,* contribuaient pour leur part à user les degrés en marbre , que nous vîmes sillonnés à plus d'un pouce de profondeur.

Les portes de l'église sont en bronze , et représentent en belles sculptures différens traits de l'ancien Testament.

La place est belle et vaste ; au milieu est une fontaine en marbre, avec des ornemens en bronze , et sur les côtés les deux superbes portiques du palais des prêtres.

Du reste la ville, qui a six mille ames de population et des remparts, n'offre rien de remarquable ; située sur une colline, à une demi-lieue de la mer, elle est éloignée d'Ancône de six lieues, et il faut continuellement monter et descendre pour gagner cette dernière ville, dans laquelle nous entrâmes le même jour à onze heures du matin, avec un temps orageux.

ANCONE.

14 et 15 juin.

Ancône est bâtie sur une montagne qui s'avance en pointe dans la mer; c'est une ville assez commerçante, active, de vingt mille ames de population, et qui n'offre de remarquable que son port défendu par deux môles, son lazaret entouré d'eau de tous côtés, l'arc-de-triomphe en marbre de Paros érigé en l'honneur de Trajan, et une belle salle de spectacle, dont les loges bien distribuées sont ornées à l'intérieur avec goût; du reste les rues y sont étroites et montueuses, et peu agréables à la vue. La cathédrale, bâtie sur la pointe d'un cap élevé, hors du centre de la ville, n'offre rien à citer, si ce n'est la belle perspective qu'on a sur la mer Adriatique. Le quartier des Juifs, qu'on ferme le soir, est le plus resserré de la ville; c'est là que nous avons vu la plus jolie fille du monde, et Ancône en renferme un bon nombre toutes jolies, et plus ou moins séduisantes, même dans le bas peuple; aucune cité sous ce rapport ne lui est peut-être comparable.

D'ANCONE A BOLOGNE.
(45 lieues. Deux jours et demi de marche.)

Partis à quatre heures du matin, nous voilà cotoyant la mer Adriatique, sur un chemin bien roulant, et voyant successivement :

1° Sinigaglia, petite ville fort commerçante, ayant un port formé par la Misa à son embouchure, des remparts, et où se tient une foire considérable qui a lieu tous les ans au mois de juillet.

2° Fano, ville plus considérable, bien bâtie, près du Métaure, où le consul Livius Salinator défit Asdrubal. On y remarque un petit port, des restes d'antiquités, et un théâtre gothique d'une grande étendue.

3° Pesaro, patrie de Rossini, ville agréablement située entre la mer et de riantes collines, entourée de remparts et de fossés. On y voit quelques beaux édifices, des filatures de soie, des rues à portiques, et on y mange d'excellentes figues.

4° La Cattolica, gros village où l'on commence à s'éloigner de la mer ; nous y couchâmes.

Continuant notre route dès trois heures du matin, nous passons :

1° Par Rimini, ville ancienne de dix-sept mille ames,

dont le port ne sert qu'à des bateaux pêcheurs ; nous y entrâmes par la porte Romaine, sous un bel arc-de-triomphe érigé en l'honneur d'Auguste, et nous sortimes par la porte Saint-Julien, près de laquelle est un pont en marbre, construit sous Auguste : c'est là où se fit le fameux passage du Rubicon par César ;

2° Par Savignano, beau village où nous déjeunâmes ;

3° Par Cesène, jolie ville de dix mille ames, au pied d'une colline, ayant des remparts et des portiques ;

4° Par Forlimpopoli ;

Et nous vinmes coucher à Forli, ville d'une grande étendue, à laquelle on arrive par une fort belle avenue de peupliers de trois milles de long. Elle n'a pas douze mille habitans, et les femmes y sont jolies ; nous y avons remarqué une place fort vaste, entourée de portiques, des rues larges, quelques palais, quelques édifices, quelques églises où l'on voit des tableaux estimés, une belle porte d'entrée, et des promenades agréables.

28 juin.

Après Forli, nous vimes Faenza, autre ville assez grande, bien bâtie, ayant des portiques, des murailles d'une lieue de tour ; et, avant d'entrer à Imola, nous passâmes le Santerno sur un pont tout nouveau et d'une belle architecture ; nous arrivâmes à Bologne sur les quatre heures du soir.

Dans cette route, d'un aspect assez agréable, nous traversâmes les provinces de la Marche d'Ancòne, de l'Urbin et de la Romagne. Cette dernière est la plus fertile.

BOLOGNE.

Ville curieuse et remarquable par sa grande étendue (deux lieues de circonférence), par les portiques
plus ou moins élégans qui bordent presque toutes les
rues , et par les précieuses peintures qu'elle renferme,
Bologne est située dans une plaine fertile, couverte de
nombreuses habitations, au pied et au nord des Apennins. Ses deux tours carrées, citées partout, surtout la
Galisenda, qui penche comme celle de Pise, n'ont rien
de bien remarquable. Les églises très-nombreuses (deux
cents) sont bien inférieures à celles de Rome , de Naples
et de Gènes , sous le rapport du luxe et de la magnificence. Presque toutes possèdent des tableaux de l'école
bolonaise ; mais, pour voir les chefs-d'œuvre de cette
école, il faut visiter la Pinacoteca, à l'Académie des
beaux-arts : c'est là que nous avons admiré, parmi tant
de bons tableaux, le martyre de sainte Agnès du Dominiquin, le saint Jérôme d'Augustin Carrache, et autres
sujets de ses frères Louis et Annibal, un Christ et un
Massacre des innocens du Guide, la sainte Cécile de
Raphaël, le saint Pierre du Guerchin.

En quittant cette galerie, nous nous sommes fait conduire à l'Université, dont nous avons visité les cabinets
de physique, d'histoire naturelle et d'antiquités ; on y
voit le portrait de la fameuse Clotilde Tambroni, professeur de physique et de mathématiques.

Hors la ville, nous avons visité :

1° Le Campo-Santo, ancien couvent des chartreux, dont on a fait un superbe cimetière, orné d'un grand nombre de mausolées, dont les principaux, pour le mérite et le génie de la composition, sont du professeur de Maria. Beaucoup de familles ont leur caveau dans les galeries du Campo, sous lesquelles se trouvent des souterrains capables de contenir soixante mille corps. Dans les galeries, comme dans le large espace qu'elles circonscrivent, on a établi plusieurs divisions pour les inhumations : ici est une rotonde réservée pour les seuls personnages illustres de Bologne ; là sont les caveaux destinés aux prêtres ; plus loin, la galerie des religieuses ; de ce côté, sont placés les enfans abandonnés ; de cet autre, les pauvres ; ici, les femmes ; là, les hommes ; et, comme le terrain est immense, il s'y vend à bon compte. On a réservé une galerie particulière dont on ne vend le terrain qu'aux personnes qui peuvent faire ériger des mausolées en marbre.

2° La Madona-della-Guardia. C'est une petite église située sur la sommité d'une montagne d'où l'on découvre à la fois les chaines variées de l'Apennin, la ville de Bologne et son immense territoire, en plat pays, bien garni d'arbres jusqu'à Ferrare et Modène. Cette église est un célèbre lieu de pèlerinage et de dévotion ; on y arrive, en sortant de Bologne par la porte de Sarragosse, par un long chemin couvert (galerie de sept cents arcades, divisée en plusieurs stations), que coupe à angle droit, vers le milieu, un autre portique moderne qui conduit au Campo-Santo ; de cette manière, on peut se rendre dans ces deux endroits à l'abri des injures du temps et de la chaleur.

Bologne, dont la population est de quatre-vingt mille ames, possède plusieurs théâtres, dont deux arènes pour les représentations diurnes : l'arène del Sol, construite en pierres et en briques, et l'arène della Fenice qui est en bois; on y joue des drames et des comédies. Le théâtre communal est bien construit; les loges y sont grandes et à balustrades.

Avant de quitter Bologne, citons encore la fontaine du Géant, par Jean de Bologne (elle représente Neptune entouré de tritons et de syrènes), et la promenade publique qui a vue sur la campagne. Les femmes ne nous ont point paru aussi belles qu'à Rome et à Ancône.

FERRARE.

Du 1 au 7 juillet.

Nous sommes allés de Bologne à Ferrare (distance de onze lieues) par une nouvelle route, bordée d'arbres, et pavée en grande partie, traversant une plaine riche de végétation , mais très-marécageuse, ainsi que tout le territoire de Ferrare.

Cette ville autrefois si riche , si puissante, comme on peut le croire d'après ces vers de l'Arioste ,

O città bene avventurosa. . . . .
. . . . . La gloria tua salirà tanto
Ch' avrai di tutta Italia il pregio e'l vanto

est presque déserte aujourd'hui; l'herbe pousse par-

tout. Cependant nous la vîmes encore avec assez d'intérêt ; d'abord , l'aspect en est assez imposant par la
longueur, la largeur et la rectitude de ses principales
rues , dont une a plus de mille toises de long , et puis
on nous y montra la prison de l'infortuné Tasse et le
tombeau d'Arioste. Ce dernier a été transporté, pendant l'occupation des Français sous le général Miollis, de
l'église où il se trouvait, dans le local de la bibliothèque de l'Université. Le monument est en marbre et
fort simple, avec plusieurs inscriptions. Dans ce même
local, on conserve avec un soin religieux, dans une
armoire particulière, les objets suivans, que nous
avons touchés et examinés avec attention :

1º Le fauteuil, ou la chaise sur laquelle *il divino
Ariosto* a composé son poëme.

2º L'écritoire en bronze de ce grand poète, et la médaille gravée qui représente son buste, trouvée sur lui
dans sa tombe.

3º Le manuscrit original de son *Orlando*, et des let-
tres de sa propre main.

4º Le manuscrit original de la *Gerusalemme* du Tasse,
avec les diverses corrections qu'il y a faites dans sa prison, et la lettre manuscrite du même au duc de Ferrare, écrite dans sa prison.

5º Le manuscrit original du *Pastor fido*, avec les
variantes et corrections (tous ces manuscrits sont bien
lisibles).

On nous a menés aussi dans la maison de l'Arioste :
elle est simple, bâtie en briques, et n'a qu'un étage et
cinq croisées.

C'est dans l'hôpital Sainte-Anne qu'on voit la prison

du Tasse, dans laquelle l'ingrat duc Alphonse le tint enfermé sept ans et deux mois. On nous fit entrer dans cette prison, et nous ne vîmes qu'un cachot étroit, obscur, ne recevant de jour que par une fenêtre barrée de fer, donnant sur une petite cour enfoncée et humide : la même porte existe encore. La plupart des visiteurs inscrivent leurs noms sur les murailles : nous vîmes entre autres ceux de lord Byron, de Casimir Delavigne et de Delphine Gay.

Ferrare, malgré son immense étendue, est entourée de remparts et de fossés remplis d'eau stagnante; sur une grande partie de ces remparts existent de belles promenades plantées d'arbres.

Au couchant, est une forte citadelle à fleur de terre, occupée par des soldats autrichiens, véritables caricatures dont Boilly et Pigal feraient d'excellens croquis. A des guêtres noires, à une capotte de toile grise, à un haut chapeau rond, relevé en bord sur le côté, joignez une figure tudesque, et vous aurez une idée du costume et de la tournure de ces soldats.

Au milieu de la ville est le château gothique des anciens ducs de Ferrare, entouré de fossés remplis d'eau, et surmonté de quatre tours ; c'est la résidence actuelle d'un cardinal et de la police ; nous en avons visité les appartemens.

La salle de spectacle est belle et bien distribuée ; elle a cinq rangs de loges et une vaste scène; près de là est le Casino, lieu de réunion de la société Ferraraise, où nous avons été conduits. Il est composé de plusieurs pièces bien meublées et bien décorées, salle de billard, grande salle de danse, salons de jeux, de lecture, etc. La société, dont tous les rangs se confondent, est composée de deux cent cinquante *signori* et de cinquante *signore*, dont les noms sont imprimés et affichés dans le local. Le président et le secrétaire, éligibles chaque année, sont nommés à la majorité des voix, et la rétribution mensuelle de chaque membre est de cinq paoli (cinquante sols). Un nouveau membre ne peut être admis qu'à la majorité des votans; ce genre de société serait un modèle à suivre dans nos villes de province.

La population de Ferrare est de vingt-quatre mille ames; le sang y est beau, et les habitans, envers nous, ont été d'une politesse, d'une amabilité et d'une complaisance dont rien n'approche; nous avons été admis *alla conversazione della signora Marchese M.... C....*

Nous avons visité presque toutes les églises : elles n'ont rien de remarquable, si ce n'est de bons tableaux du Garofalo, émule de Raphaël, et de quelques autres artistes.

Le Campo-Santo (ancien couvent) est vaste et bien régulier; on y voit peu de monumens funèbres; la plupart ne sont que de simples inscriptions tumulaires.

La cathédrale est d'architecture gothique régulière; l'intérieur est rempli de tombeaux : on y enterre ainsi que dans les autres églises, qui toutes sont basses et humides; aussi dans les grandes chaleurs en émane-t-il une odeur fétide.

5 juillet.

Nous avons fait une excursion à Lagoscuro pour aller nous baigner dans le Pô. La distance est d'une lieue et demie, qu'on parcourt par une jolie route ombragée d'arbres; à droite et à gauche sont des prairies marécageuses, et quelques carrés de chanvre d'une hauteur prodigieuse.

Lagoscuro est un beau village qui forme la limite des États du pape. Le Pô y est large comme la Seine après Paris, et on le traverse en bateau.

Ne quittons point Ferrare sans consigner ici le nom del signor Natali, inspecteur des postes; c'est le plus excellent homme qu'on puisse voir, et sa mémoire nous sera toujours chère par les égards, les prévenances et les bontés dont il nous a comblés sans nous connaître spécialement. Il n'a pas peu contribué à changer en plaisir la captivité que nous comptions subir à Ferrare, où nous sommes restés six jours, pour attendre nos passe-ports que la police autrichienne nous avait forcés d'expédier à Florence, faute d'un visa d'un ministre de cette nation.

DE FERRARE A VENISE PAR ROVIGO ET PADOUE. (trente lieues.)

7 et 8 juillet.

Partis le 7 sur les quatre heures du soir, nous vînmes passer le Pô à Francelino; et, cotoyant la rive gauche de ce beau fleuve et plusieurs canaux, nous vînmes coucher à Rovigo après avoir traversé la Posella, premier bourg de l'État vénitien. Le lendemain nous nous remîmes en route pour Padoue, où nous arrivâmes à midi, après avoir passé l'Adige en bateau et déjeuné à Monselice, gros bourg bien peuplé, ayant un vieux château sur une colline, et six ou sept chapelles parallèles sur une autre colline. Tout ce pays est superbe de végétation, et le long du canal, qui va de Monselice à Padoue, on voit des palais et de belles maisons de plaisance.

Padoue, ville de trente mille ames, fort ancienne, rues à portiques, mais mal percées, maisons mal bâties, est célèbre par son université, qui est la plus nombreuse d'Italie (elle renferme quatre mille étudians). Il y a de belles et vastes places, quelques beaux édifices, trois belles églises, surtout Sainte-Justine, qui a sept dômes et qui possède de bons tableaux de l'école vénitienne, tous sujets de martyrs.

Padoue a plus de deux lieues de tour, et une garnison de quatre mille Autrichiens; son territoire est fort riche de végétation et couvert de maisons de plaisance; nous n'eûmes point le temps d'aller à Arque où est le tombeau de Pétrarque.

Nous repartîmes à quatre heures pour Venise; la route est belle, animée, bordée de villages, de palais, de jolies maisons de campagne, de jardins délicieux, et cotoie les bords charmans d'un canal alimenté par les eaux de la Brenta. On passe cette rivière sur un pont à peu de distance de Padoue. C'est la route la plus gaie, la plus agréable, que nous ayons encore faite en Italie; on l'appelle paradis terrestre. Arrivés à Fusina à huit heures et demie du soir, nous y laissâmes la voiture, et embarqués dans une jolie gondole à deux rameurs, nous vînmes gagner Venise après un trajet de cinq ou six milles en mer. Le temps était très-chaud; de nombreux éclairs sillonnaient les nues, et nous laissaient entrevoir, par intervalles, les tours, les clochers, les palais de la ville des merveilles; entrés dans les canaux,

l'eau y était paisible, et le silence qui nous enveloppait
de toutes parts n'était troublé que par le léger bruit
des rames de notre gondole. De canaux en canaux,
nous parcourûmes ainsi une grande partie de la ville
avant d'arriver à l'hôtel *de la Reine d'Angleterre*, où
nous prîmes un logement.

VENISE.

Du 5 au 11 juillet.

Si l'on veut voir la ville la plus curieuse et la plus
étonnante du monde, il faut aller à Venise, il faut la
voir aussi pour s'en faire une idée exacte. Dire qu'aucune ville n'excite autant de surprise et d'admiration,
qu'elle est unique par la singularité de sa position, qui
est telle qu'on la voit de toutes parts surgir du sein des
eaux qui d'abord l'enveloppent, l'embrassent dans une
immense étendue, et pénètrent ensuite dans son intérieur par un nombre infini de canaux plus ou moins
tortueux, qui forment ainsi les principales rues ; qu'on
y remarque les travaux les plus prodigieux, de superbes
palais, de magnifiques églises, des beautés du premier
ordre en sculpture, en peinture, etc.; ce n'est point la
faire connaître à qui n'a point abordé sur son sol, parcouru ses canaux, visité ses édifices si riches, si bizarres
par les différens ordres d'architecture qui y règnent,
par une profusion de dorures, de marbres et de colonnes antiques, et jeté les yeux sur cette quantité inouïe
d'ouvrages plus ou moins précieux, dus aux pinceaux

et aux ciseaux des artistes célèbres qu'elle a produits!...

Déchue actuellement de son antique splendeur, Venise, malgré sa tristesse, offre encore un coup d'œil imposant et sublime; on ne la voit point sans émotion, et le silence profond, qui règne et sur les ondes et dans l'air qu'on y respire, laisse dans l'ame de mélancoliques impressions. On prendrait les édifices de Venise, dit un observateur, pour les catacombes des poissons de l'Adriatique, si de temps à autre on ne voyait aux fenêtres des figures humaines. Dans le jour, cependant, les canaux sont assez animés; on les voit sillonnés en tous sens par un grand nombre de gondoles et de barques, qui sont les principaux moyens de communication; on aborde par eau dans presque toutes les maisons, et ni chevaux, ni voitures, ne pénètrent jamais dans cette ville extraordinaire, bâtie sur des lagunes.

Voici au reste ce que nous avons vu de plus remarquable :

D'abord la place et l'église de Saint-Marc, le grand palais ducal et le Palazzo reale, tous deux sur ladite place, et dans la plus grande enceinte de terre ferme de la ville. La place est fort belle, et offre trois rangs de galeries qui ont quelque ressemblance avec celles du Palais-Royal, à Paris.

Sur le portail de l'église de Saint-Marc, se voient les quatre chevaux de bronze doré, à croupe dodue, qui décoraient jadis l'arc du Carrousel, et qui font là un triste effet; près de l'église est une tour carrée de trois cents pieds de hauteur, à laquelle nous sommes montés par une rampe assez douce, pour y jouir du panorama de la ville.

Dans le palais ducal, résidence des anciens doges, nous avons vu les salles magnifiques des grand et petit conseil, et les horribles cachots de l'inquisition.

Dans la grande salle, où se trouve actuellement une grande partie de la bibliothèque, et dans d'autres salles, on voit un grand nombre de tableaux historiques et allégoriques peints par le Titien, le Tintoret, Paul Veronèse, les deux Palma, Bassano; et des sculptures grecques d'un grand prix, entre autres un Ganimède enlevé par Jupiter sous la forme d'un aigle, une Léda qu'embrasse et caresse ce même dieu transformé en cygne, un soldat grec mort, etc.

Nous avons visité ensuite quelques églises, les unes gothiques (celle des Frari entre autres, où est le superbe tombeau de Canova, et la pierre qui couvre le corps du Titien), et les autres d'une architecture moderne plus ou moins remarquable; elles renferment presque toutes des peintures plus ou moins précieuses des artistes ci-dessus nommés, dont le nombre des travaux surpasse l'imagination. Parmi ces églises, citons celles de la Salute, du Rédempteur (desservie par des capucins, dont nous avons visité le modeste couvent), des Carmes déchaussés, de Saint-Jean-Saint-Paul, de Saint-Georges-Majeur, etc.

Nous n'avons pas omis l'académie des beaux-arts, où l'on admire un des principaux chefs-d'œuvre du Titien, sa Transfiguration de la Vierge, et le Miracle de saint Marc du Tintoret; le palais Barberigo, où le premier de ces grands artistes est mort en y laissant une collection de tableaux parmi lesquels se trouvent une de ses Vénus et sa belle Madeleine; et le palais Manfredi, qui possède la plus belle galerie de tableaux, et où l'on trouve non-seulement encore du Titien, mais encore de presque tous les autres artistes célèbres des différentes écoles.

Les rues de Venise, généralement étroites et bien pavées, ressemblent beaucoup à celles de Gènes; elles communiquent entre elles au moyen de trois cent seize ponts, dont le principal, sur le canal Grande, s'appelle Rialto, et est fort remarquable par sa largeur, sa hauteur et sa hardiesse.

A l'extrémité orientale de la ville, est une jolie promenade que les Français ont fait construire en 1807; elle a vue sur la mer de tous côtés, et on a établi dans son enceinte un théàtre diurne où l'on joue la comédie. On ne joue l'opéra au grand théàtre de la Fenice que pendant le carnaval.

La population de Venise est de cent cinquante mille habitans; le peuple y est fort tranquille. C'est sous les galeries de Saint-Marc que le monde se rassemble, et sur le large quai et la belle rue qui de la place Saint-Marc conduisent à la promenade ci-dessus citée; on s'y rend aussi en gondole par le beau bassin della Giudeca.

DE VENISE A MILAN PAR VICENCE, VÉRONE, BRESCIA, etc.

(66 lieues tout en plat pays.)

11 et 12 juillet.

Embarqués à une heure du matin dans la gondole de la diligence de poste, nous vînmes mettre pied à terre à Mestre, où nous montàmes dans la voiture; nous pas-

sâmes de nouveau par Padoue, après quoi, filant rapidement, nous vîmes successivement, et en nous y arrê-
tant suffisamment:

1° Vicence, ville de trente mille âmes, entourée de
collines au nord, dans une plaine très-fertile; on y remarque plusieurs palais, et le fameux théâtre olym-
pique de Palladio, construit dans le goût des anciens,
un vaste Champ-de-Mars, et un portique couvert qui
conduit à la Madona-delle-Monte.

2° Vérone; on y arrive en passant par le village de
Montebello; c'est une belle et grande ville de cinquante
mille habitans, traversée par l'Adige, ayant deux lieues
de circuit, et où a été établi le quartier-général de l'armée
autrichienne. Nous y avons vu des tombeaux du moyen
âge, et un bel amphithéâtre antique, à quarante-cinq
rangs de gradins en marbre bien conservés. L'extérieur
de ce monument est plus dégradé que celui de Nîmes,
et on estime à trente ou quarante mille le nombre des
personnes qu'il pourrait contenir. Dans une partie de
son enceinte existe un théâtre diurne en bois, où l'on
joue la comédie.

3° Pesceira, belle forteresse bâtie sur les bords du
lac de Garda. Nous cotoyâmes ce beau lac (d'où sort le
Mincio) dans une grande partie de son étendue: il a dix
à douze lieues de long, et ses ondes sont agitées sur le
rivage comme celles de la mer; les Alpes en bornent la
perspective.

4° Brescia, ville de guerre, quarante mille habitans,
bien bâtie, ayant une citadelle, des boulevards, un
beau théâtre, est située au pied d'une montagne; nous y
avons vu, dans l'église de Sainte-Affra, le Martyre de

10

cette sainte par Paul Véronèse, et la Femme adultère du Titien, deux chefs-d'œuvre de ces artistes.

Continuant notre route en ligne droite, nous passâmes par Chiari, Caravaggio, Cassano; nous traversâmes plusieurs rivières, des champs et des prés arrosés par une infinité de canaux et de ruisseaux ombragés par des saules, des mûriers, des ormes entrelacés souvent de guirlandes de vignes; et le soir, à dix heures, nous entrâmes dans la capitale de la Lombardie par la porte Orientale et la belle rue du Cours, et nous allâmes loger à l'hôtel *de la Grande-Bretagne*, où l'on est traité en princes.

MILAN.

Du 13 au 18 juillet.

Une des villes d'Italie les plus agréables, tant par sa situation dans une belle et fertile plaine, que par l'aspect animé qu'elle offre, Milan, surnommée le Paris de l'Italie, est généralement bien bâtie, et a de fort belles rues pavées moitié en dalles, et moitié en petits cailloux. Les boutiques et les magasins y sont élégans, et parmi les monumens, voici ceux qui méritent une attention spéciale, et que nous avons visités.

1º D'abord il Duomo, ou la cathédrale; c'est la plus vaste et la plus belle église après Saint-Pierre de Rome, mais sans avoir aucun point de ressemblance avec elle. L'édifice est d'architecture gothique, et tout en marbre blanc, et, au total, d'un très-bel effet religieux; il est surmonté d'une infinité de pyramides élancées, portant des statues, et au-dessus du vaisseau existent de belles galeries, autour desquelles il faut circuler pour bien juger de l'immensité et du détail des travaux ; nous montâmes jusqu'à la tour principale, qui supporte une statue colossale de la madone en bronze doré : cinq cent douze degrés y conduisent, et de là on jouit d'un superbe panorama : on voit toute la ville de Milan, la riante et vaste plaine qui l'entoure, et le point de jonction des Alpes et des Apennins.

La chapelle de Saint-Charles-Borromée est sous le chœur ; c'est la plus riche qu'on connaisse : elle est toute en argent massif admirablement sculpté et ciselé : on y a représenté plusieurs traits de la vie de ce célèbre évêque, dont le corps est déposé dans cette chapelle.

2º Le palais Breira, bel édifice à portiques renfermant une belle bibliothèque et le musée ; on y fait l'exposition des concours pour les objets d'arts.

3º La bibliothèque Ambroisienne, fondée par la famille Borromée ; nous y avons vu le dessin en grand de l'École d'Athènes, de Raphaël, plusieurs têtes de Léonard de Vinci, admirables d'expression, et quelques bonnes peintures de l'école vénitienne. Le même jour nous sommes allés au couvent delle Grazie, à une des extrémités de la ville, pour y voir la fameuse Cène de Léonard de Vinci, peinte à fresque dans le réfectoire du monastère ; quoique ce tableau ait beaucoup souffert des injures du temps, on l'admire encore comme un des chefs-d'œuvre de la peinture, et on en vient prendre souvent des copies.

4º L'Arène, ou l'amphithéâtre sur le Foro ou Champ-de-Mars, est une vaste place d'armes, de forme ovale, qui

peut contenir trente-six mille personnes. Les deux tiers
des gradins sont en terre couverte de gazon, et un ruis-
seau d'eau vive circule autour de la partie intérieure,
tandis que de grands arbres ombragent la partie supérieure; à l'un des côtés se trouve annexé un édifice en
pierre pour les personnes de distinction, quand on
donne des jeux, des courses de chars, ou des nauma-
chies, ce qui arrive fort rarement.

A l'extrémité du Champ-de-Mars, et à l'origine de la
belle route du Simplon, plantée de beaux tulipiers
(dans une demi-lieue d'étendue), se trouve un magnifique arc-de-triomphe tout en marbre blanc, et qui n'est
pas encore achevé; on en avait commencé les travaux en
l'honneur de Napoléon, et les bas-reliefs représentaient
ses victoires sur les Autrichiens; les travaux en avaient
donc été suspendus, mais on les a repris, et au lieu de
la statue de l'empereur des Français, on y mettra celle
de l'empereur François.

Le théâtre alla Scala est un des plus vastes et des plus
beaux qu'on connaisse; nous y fûmes, le dimanche 13,
voir un nouvel opéra (*l'Esule di Roma*,) dans lequel chan-
taient le fameux Lablache, la première basse connue,
et madame Méric-Lalande. La salle a six rangs de loges,
dont trente-huit et quarante à chaque file; ces loges
sont vastes, et se ferment avec des rideaux de soie; on
y mange, et on y reçoit des visites. Quant au parterre, on
y est très-confortablement pour quarante sous. Au-
dessus de l'arc d'avant-scène, se trouve un cadran qui
indique l'heure de cinq minutes en cinq minutes. Le
spectacle, qui commença à huit heures et demie, s'est
terminé à une heure du matin; le ballet se joue entre

les deux actes de l'opéra. Outre la Scala, il y a deux théâtres diurnes, où l'on joue la comédie et le drame, et un autre théâtre d'opéra.

Le Grand-Hôpital, le plus beau de l'Italie, a sa longue façade en briques; on entre dans une vaste cour carrée, environnée de portiques élégans soutenus par des colonnes de granit. Il y a plus de deux mille lits en fer. L'édifice n'a qu'un seul étage.

Les jardins publics, l'esplanade ou boulevard, plantés de beaux arbres, et la rue du Cours, sont le rendez-vous de nombreux équipages et d'une foule de promeneurs des deux sexes. Rien de plus animé le dimanche soir; on se croirait à Paris, surtout en voyant la mise élégante des Milanaises; du reste, sang assez beau, un peu trop de pâleur peut-être; beaucoup de blondes: on n'est plus dans le midi de l'Italie.

Les cafés sont bien tenus, et les glaces excellentes, etc.

EXCURSION A MONZA ET A COMO (lac).
(25 lieues.)

15 et 16 juillet.

Un espace de dix milles sépare Monza de Milan ; nous fîmes ce chemin à pied, en trois heures, par un chemin charmant, cotoyant un canal et des ruisseaux ombragés, et par une longue avenue de sycomores (une lieue et demie) nous arrivâmes à la villa Imperiale, dont les jardins délicieux, distribués avec goût, renferment plus de six mille espèces de plantes, entre autres le magnolia grandiflora d'Amérique, que nous y vîmes en pleine terre et en pleine floraison ; lac, bassin, grottes, cascades, bosquets, ruisseaux, etc., tout s'y trouve, ainsi qu'un vaste parc.

Quant à Monza, il n'offre rien à citer, si ce n'est la cathédrale en marbre blanc qui renferme la couronne de fer qui a servi au couronnement de Napoléon à Milan.

Revenus le soir à neuf heures et demie, nous repartîmes le lendemain, à trois heures du matin, pour Como, par le vélocifère ; nous y arrivâmes à sept heures et demie, et, à huit heures, nous nous embarquâmes sur un bateau à vapeur ; nous parcourûmes ainsi le lac dans son étendue de quinze à vingt milles, et nous descendîmes à la Cadenobia ; là nous visitâmes la belle villa Sommariva, où les fleurs brillent toute l'année ; le lac, dans cet endroit, a quatre à cinq milles de largeur, et l'on se trouve à la fois aux confins des montagnes de la Suisse, du Tyrol et de la Lombardie. Le bateau à vapeur nous reprit à son retour, et, à cinq heures, nous repartîmes pour Milan par le vélocifère qui nous avait amenés. Le lac de Côme est un des plus curieux et des plus pittoresques ; ce sont de hautes montagnes plus ou moins boisées, plus ou moins à pic, qui lui servent de rivage, et qui en font une suite de vastes bassins plus ou moins enfermés, et dont les bords sont garnis d'un nombre plus ou moins considérable de villa, de maisons de plaisance, de villages et de hameaux, où l'on voit de petits ports ; ajoutez à cela des rochers, des cascades, des torrens qu'on trouve à droite et à gauche. Parmi les villa que nous avons vues, citons la villa d'Este, qu'occupait la feue reine d'Angleterre avec Bergami, et la villa Pliniana, où existe une source d'eau avec flux et reflux.

Quant à la ville de Côme, elle a huit mill- habitans, et se trouve à l'extrémité méridionale du lac, dans une position agréable.

DE MILAN A TURIN.
(32 lieues.)

18 et 20 juillet.

Notre vetturino, qui n'allait guère que le pas, mit deux jours et demi à faire cette route, pendant laquelle nous eûmes constamment les Alpes en vue. Chemin plat, prairies, marécages boisés, ruisseaux nombreux, petites rivières, champs de maïs, quelques villages; voilà, avec le Tésin que nous traversâmes à Buffalora sur un beau pont, Novare, ville de douze mille ames, bien située, entourée de remparts, ayant de belles promenades, et où nous couchâmes le premier jour, Verceil, ville de dix-sept mille ames, et Chivasso, bourg où nous couchâmes le second jour, tout ce que la route nous a offert.

Nous arrivâmes à Turin, le dimanche 20 juillet à neuf heures du matin, par la place d'Italie, et nous allâmes loger au grand hôtel de l'Europe, piazza del Castello.

TURIN.

La capitale du Piémont nous a paru d'un aspect fort imposant : située presque au pied des Alpes, dans une vallée fertile, au confluent de la Doire et du Pô, cette ville est sans contredit la plus belle de l'Italie, par la régularité de ses rues tirées au cordeau et se croisant à angles droits, par la symétrie de ses maisons, qui paraissent comme autant d'édifices, et par la grandeur de ses places entourées de portiques élevés. Du reste, elle manque de monumens remarquables. Le palais du roi, sur la place del Castello, est bien distribué à l'intérieur : parmi les peintures qui ornent les appartemens, nous avons surtout remarqué quatre tableaux gracieux de l'Albane, et des portraits de Vandick et de Rubens. Le jardin annexé au palais est fréquenté le dimanche, de midi à deux heures, par les élégans et les élégantes. C'est le soir seulement que tout le monde, équipages et piétons, se réunit à la belle promenade du Valentin. Les belles femmes nous y ont paru rares, et les goitrées et contrefaites en assez bon nombre.

Le soir, à huit heures et demie, nous fûmes au théâtre Carignan, voir représenter la *Vedova in Solitudine*, comédie d'un assez bon comique, et qui fut jouée avec ensemble, dans le ton et les nuances convenables. Il nous a fallu parcourir toute l'Italie pour trouver une troupe aussi bonne : aussi ne manquâmes-nous pas de retourner au théâtre le lendemain, pour voir *gli Amori d'un Filosofo*. La salle est fort jolie, d'une moyenne grandeur, et les loges ornées de draperies arrangées avec goût. Le grand théâtre est en vacances tout l'été.

Aux environs de Turin, et sur une montagne fort haute, se trouve *la Superba*, basilique des rois de Sardaigne. J'y ai fait une excursion qui m'a demandé trois heures de marche. Je passai d'abord le Pô sur un beau pont, puis cotoyant ce fleuve sur une jolie chaussée, bordée d'acacias et d'autres arbres, je gagnai une grande route, et je gravis ensuite la montagne par un chemin souvent boisé, et ayant de belles échappées de vue. L'église est un beau dôme octogone, soutenu par de belles colonnes de marbre, et dont les caveaux, éclairés par un demi-jour, renferment les tombeaux de la famille royale sarde. De ce lieu, on jouit d'une des plus immenses vues qu'on puisse imaginer : on domine à la fois sur Turin, sur la vaste plaine arrosée par le Pô, sur de riantes collines, et enfin sur la chaine des Alpes : on a surtout en vue la belle route plantée d'arbres alignés qui conduit à Rivoli.

Turin s'embellit encore tous les jours par de nouvelles constructions ; telles sont celles de la vaste place Victor-Emmanuel, à l'extrémité de la rue du Pô : on y a continué les portiques de cette rue.

Bientôt vont finir nos courses en Italie ; nous franchirons demain le Mont-Cenis pour entrer en Savoie, et de là gagner l'Helvétie.

Adieu donc, charmante Italie! adieu!.....

Bel paese
Ch' Apennin parte e'l mar circonda e l'Alpe.

Ce n'est pas sans regret que nous nous arrachons de ton sol, où nous avons éprouvé tant de sensations délicieuses!..... Chaque homme instruit te doit un hommage, et pour se distraire des peines et des embarras de ce monde, on ne saurait mieux faire que de te visiter. Tes montagnes, tes mers, tes lacs, tes fleuves, tes rivières, tes torrens offrent les points de vue les plus curieux et les plus intéressans. On admire et la beauté de ton ciel et la fertilité de tes campagnes, et tes superbes villes. Mais pourquoi faut-il te voir partagée en tant d'états, tous plus ou moins faibles, et d'une forme différente? Qu'il est pénible de voir la misère à côté de la magnificence, de trouver la solitude, le silence, l'oisiveté, là où était la puissance, l'industrie, l'activité..... Mais aussi quelle mine inépuisable de souvenirs!...

Amis, si notre itinéraire a pu vous intéresser, imitez notre exemple: vous trouverez à Nice un climat doux, une position agréable, de la verdure et des fleurs toute l'année, et une route fort curieuse le long du littoral de la Méditerranée.

Gênes la superbe vous offrira ses palais, ses églises de marbre, une magnifique salle de spectacle et un port vaste et commerçant.

A Naples, tout vous séduira : vous éprouverez un plaisir indicible à voir cette ville délicieuse par sa situation au fond du plus beau golfe, par ses perspectives, par la richesse de son musée : rien de plus curieux et de plus intéressant que ses environs; il suffit de vous citer le Vésuve, les ruines de Pompéia et d'Herculanum, et le territoire volcanique de Pouzzole, etc.

Livourne vous intéressera à son tour par l'activité de son commerce, la variété de ses habitans et l'indépendance dont on y jouit.

Pise, qui en est peu éloignée, vous rappellera sa grandeur passée. C'est une belle solitude, où vous ne manquerez pas de vous arrêter un peu pour jeter un coup-d'œil sur ses quais, sur sa tour penchée, sur sa cathédrale et autres édifices en marbre.

Florence, berceau des beaux-arts, vous présentera sa magnifique galerie, dépôt de tant de chefs-d'œuvre, son muséum d'anatomie, son délicieux jardin Boboli, et, ce qui vaut mieux encore, un bon gouvernement et un bon peuple.

La seule vue de Rome fera palpiter votre cœur en vous rappelant les anciens maitres du monde. Vous vous extasierez devant cette basilique de Saint-Pierre, où tout est colossal, et où tout parait ordinaire. Le Vatican et le Capitole vous montreront des beautés en tout genre, qui lasseront vos yeux, tout en les charmant, ainsi que ces églises, ces palais, ces places, ces obélisques, ces fontaines, ces vieux monumens qui font l'admiration des voyageurs.

En traversant les Apennins, n'oubliez pas de vous arrêter à Terni, pour aller voir dans les montagnes l'imposante cataracte formée par la chute du Velino dans la Nera, et de visiter Lorette, pèlerinage fameux par les trésors dont son temple est enrichi, et par la multitude des fidèles qui s'y rendent.

Ancône, port de mer le plus commerçant des États

du pape, vous offrira une belle position et de fort jolies femmes, et de cette ville à Bologne, vous cotoierez les bords charmans de l'Adriatique en passant par une infinité de jolies cités, mais sans commerce et sans vie.

Vous trouverez à Bologne une célèbre université, un beau cimetière, presque toutes les rues à portiques, une école de peinture riche en chefs-d'œuvre, et une longue galerie couverte pour vous conduire à l'église della Madonna-della-Guardia.

Ferrare, assis au milieu d'une plaine marécageuse, vous apparaîtra comme une belle et vaste solitude, presque aussi silencieuse que le tombeau du divin Arioste qui y repose, et la prison de l'infortuné Tasso.

Padoue n'est célèbre que par son université, qui est la plus nombreuse d'Italie : vous y verrez cependant une belle place et trois églises remarquables. Son territoire est si fertile qu'on l'a nommé le *Paradis terrestre.*

Venise, la merveilleuse Venise, vous offrira une position unique : c'est comme un vaste navire, qui se repose tranquillement sur les eaux, et où vous ne pouvez aborder qu'avec des gondoles. Beaucoup d'édifices y fixeront votre attention : ils sortent de l'eau comme par magie.

La route de Venise à Milan vous présentera la plus belle plaine du monde. Vous trouverez plusieurs villes plus ou moins remarquables, et vous cotoierez le beau lac de Garda.

Milan vous charmera. Vous y trouverez la seconde église d'Italie pour la grandeur et la beauté, quoiqu'en style gothique, et plusieurs autres monumens dignes d'intérêt.

Enfin, après avoir vu Monza, le lac de Como, les îles

Borromées, vous terminerez par Turin, qui vous paraitra imposant par l'alignement de ses rues, la grandeur de ses places, la régularité de ses édifices, et la beauté de son sol.

TROISIÈME PARTIE.

————◆————

SAVOIE ET SUISSE.

————◆————

DE TURIN A GENÈVE PAR CHAMBÉRY.

Nous quittâmes Turin le mardi 22 juillet dans la soirée, et prenant la belle route plantée d'arbres alignés
qui conduit à Rivoli, nous traversâmes cette dernière

ville au clair de la lune, et nous vînmes passer une
partie de la nuit dans le village de......, où notre vetturino fit reposer ses chevaux. Nous avions pour compagnons de voyage une fort jolie Piémontaise avec son
mari, officier dans un régiment sarde, trois étudians
de l'université de Turin, et un jeune Allemand, le plus
farceur peut-être de toute la Germanie. Il se rendait à
Grenoble, et nous a singulièrement amusés, tant par ses
quiproquos et ses saillies dans la langue française qu'il
commençait à parler, que par les histoires plus ou moins
graveleuses qu'il nous racontait en langue italienne, et
qui faisaient pouffer de rire.

MONT-CENIS.

Arrivés à Suze dans la matinée du 23 juillet, nous
fûmes obligés d'y séjourner jusqu'à trois heures et demie
pour nous procurer des chevaux de poste. Cette ville
n'a rien de remarquable, si ce n'est un arc-de-triomphe
en l'honneur d'Auguste. Elle est profondément en-
caissée dans des montagnes à pic, et traversée par
la Doria, la première rivière de ce côté des Alpes,
et dont les bords sont assez rians et fertiles. Là commence la route du Mont-Cenis.

Nous partîmes de Suze avec une chaleur étouffante,
nous relayâmes à moitié chemin, et après sept heures
de marche nous gagnâmes le plateau élevé de la montagne, où le froid se fit vivement sentir. La lune brillait
de tout son éclat, et les eaux du petit lac qu'on trouve
sur ce plateau en reflétaient les rayons argentés. Vis-
à-vis de ce lac, qu'on dit très-poissonneux, est une au-

berge très-fréquentée des voyageurs, où l'appétit et le froid nous poussèrent. Mais tous les gens de la maison dormaient, et il nous fallut la parcourir dans tous les sens et faire un tapage infernal avant de faire lever maître et valets. On nous fit bon feu, et nous soupâmes joyeusement à minuit, après quoi nous remontâmes en voiture, et nous descendîmes rapidement jusqu'à Lans-le-Bourg, première ville de la Savoie.

La route du Mont-Cenis est vraiment admirable, et fait le plus grand honneur au génie français. Les pentes et les contours en sont si bien ménagés, qu'on n'y court presque aucun risque. Des parapets surmontés de pieux ont été établis aux endroits périlleux, des lits, des canaux ont été creusés sous le chemin pour donner passage aux torrens, aux cascades qui sont si répétées, et des rochers ont été minés pour donner la largeur convenable, et pour creuser des galeries.

La neige est sur votre tête et des abîmes à vos pieds. Vous ne voyez ici qu'un gouffre noir et profond, là qu'un chaos de torrens et de précipices. Vous n'entendez que le bruit des cascades ou le tumulte des vents qui agitent ces forêts de pins et de châtaigniers qui bordent la route. L'œil plonge avec étonnement sur d'immenses ravins, sur de profonds vallons, parsemés de villages et de cabanes environnés de précipices, et se porte ensuite avec frayeur sur des rochers noirs et menaçans, dont la cime et les crètes sont sillonnées de fusées de neige.

Arrivés sur le plateau, vous vous trouvez comme par enchantement dans une petite plaine émaillée de fleurs, et bordée de collines d'un aspect agréable.

Entrés dans la vallée sauvage de la Maurienne,
et cotoyant, pendant une vingtaine de lieues, le cours
tumultueux de l'Arche, grossi de tous côtés par les
torrens qui s'y précipitent des monts escarpés qui
flanquent la route (1), nous vîmes successivement
Termignon, le fort de Bramante, Modane (où nous
déjeunâmes), le joli village de Saint-Michel, Saint-
Jean-de-Maurienne (où nous couchâmes), Aigue-Belle
(où nous nous arrêtâmes pour déjeuner), et enfin Montmélian, où nous bûmes d'un excellent vin blanc mous-
seux. Tout ce pays est pauvre, et l'espèce humaine y est
affectée du goître, genre d'infirmité dont presque aucune femme de ces vallées n'est exempte. Rien n'égalait
l'air de jubilation qui régnait sur les petites figures de
quelques innocentes créatures à qui nous donnâmes
en passant quelques sous.

A Montmélian, nous trouvâmes l'Isère, que nous passâmes sur un long pont. Le cours de cette rivière y est
très-rapide. Laissant derrière nous et l'Isère et la Ta-
rentaise, vallée qui conduit au petit Saint-Bernard, et
des coteaux garnis de vignes, nous entrâmes dans la val-

(1) Cette route est très-resserrée en quelques endroits, et n'est
pas sans quelque danger. Dans un de ces endroits, nos chevaux
s'emportèrent ; et, effrayés par le bruit de l'Arche, qui précipi-
tait ses ondes sur des monceaux de rochers, faillirent nous jeter
dans le torrent : notre voiturin parvint heureusement à les arrêter
en sautant sur leur col, et leur serrant la bride de près.

lée ouverte et fertile qui conduit à Chambéry, où nous arrivâmes à la fin du jour.

La capitale de la Savoie est une ville de médiocre apparence, qui a de belles promenades et des environs assez agréables. On y vit bien et à très-bon marché. Nous y séjournâmes peu de temps, et, après avoir pris congé de nos aimables compagnons de voyage, nous vînmes coucher à Rumilly, en passant par Aix-les-Bains, où se trouvaient bon nombre d'étrangers.

Nous partîmes de Rumilly le dimanche 27 juillet, à deux heures du matin, et à midi nous étions à Genève. Cette route est fort montueuse, mais pittoresque. Le pays nous a paru d'une belle végétation, et quelques-unes des rivières qui l'arrosent sont profondément encaissées.

GENÈVE.

27 et 28 juillet.

Libre, industrieuse et commerçante, Genève est une des villes les plus agréablement situées qu'on puisse imaginer. Rien de plus délicieux que ses environs, et les bords du lac Léman, à l'extrémité duquel elle s'élève en amphithéâtre. De ce lac sort le Rhône, dont les eaux limpides et azurées vont se joindre, à peu de distance de la ville, aux ondes troubles et glacées de la rivière de l'Arve.

Dès le jour de notre arrivée, nous allâmes nous promener à pied à Ferney, où nous trouvâmes beaucoup de monde rassemblé à la fête. Nous ne manquâmes pas de visiter la belle maison de campagne de Voltaire, qui appartient maintenant à M. de Budey.

Le lendemain, nous parcourûmes la ville dans tous les sens, et nous visitâmes le musée Rapt, l'Hôtel-de-Ville, le muséum d'histoire naturelle, et le jardin botanique, au-dessus duquel s'élève la terrasse de la Treille, d'où l'on jouit d'une vue superbe sur la campagne. La perspective est encore plus admirable des tours de l'église Saint-Pierre, parce qu'on domine sur le lac et sur une plus grande étendue de pays.

En descendant de la Treille, on trouve l'élégante maison de M. Eynard, ce philanthrope ami des Grecs, dont le jardin est, pour ainsi dire, enclavé dans le jardin botanique.

On admire à Genève l'aisance et la propreté du peuple. C'est la ville qui contraste le plus avec Naples : ici point de classe moyenne ; la population ne se compose que d'élégans et de lazaroni à peine vêtus ; là, au contraire, on distingue à peine le riche propriétaire du simple artisan, et la bonne de la maîtresse. Les femmes y sont jolies, bien faites, et portent toutes des chapeaux de paille, même les domestiques. Elles se mettent généralement les cheveux en bandeau.

La population de la ville est de vingt-cinq mille habitans, dont cinq mille catholiques. Les hôtels y sont bien tenus, et les voitures publiques y fourmillent.

EXCURSION AU MONTANVERT ET DANS LA VALLÉE DE CHAMOUNY. (54 lieues.)

Qu'on ne s'attende pas à trouver ici une description digne du sujet. Il faudrait le pinceau d'un Bernardin de Saint-Pierre pour ne pas rester au-dessous de l'entreprise. Néanmoins notre narration sera fidèle, et nous allons l'extraire d'une lettre écrite de Genève à l'un de nos amis, en date du 31 juillet, à dix heures du soir.

« L'admirable excursion que nous venons de faire! Nous arrivons en ce moment de la vallée de Chamouny, où nous avons vu les merveilles du Montanvert, de la mer de glaces, des glaciers des Bois, des pyramides des Bossons, etc.

« Partis de Genève à sept heures du matin, nous sommes venus d'abord déjeuner à Bonneville. Là, nous avons passé l'Arve sur un beau pont de pierre, à l'extrémité duquel est une colonne érigée en l'honneur de Charles-Félix, qui a fait creuser un lit à ce torrent que nous avons cotoyé presque jusqu'à sa source. Nous avons traversé la ville de Cluze, et vu sur notre gauche plusieurs cascades s'élancer des flancs de la chaîne de monts escarpés qui bordent la route. Arrivés à Saint-Martin-de-Sallenche, avec une pluie battante, nous nous y sommes arrêtés pour souper et coucher.

« Le lendemain 30, le soleil se leva radieux, et, dès cinq heures du matin, nous pûmes admirer à loisir, de la terrasse de l'hôtel, la blancheur éblouissante du roi des monts européens, de ce Mont-Blanc, dont nous allions parcourir les appendices.

« Nos chevaux de poste étant prêts, nous montâmes dans le petit char de côté, espèce de caisson étroit, qui peut seul circuler à travers les chemins étroits, tortueux, coupés de torrens et de précipices, que nous avions à parcourir pour nous rendre à Chamouny par Servoz.

«Nous voilà donc pendant six heures de marche sous la conduite d'un habile postillon, gravissant ou descendant des côtes plus ou moins raides, ayant sous nos pas des abîmes ou des précipices, traversant des torrens au milieu de bois de sapins et de mélèses; ici rudement secoués sur des monceaux de roches, de pierres et de cailloux, là n'entendant que le bouillonnement, le mugissement des eaux, qu'on voyait s'échapper en cascades (1), ou se précipiter avec fracas dans des vallons étroits et profonds; nous voilà ayant devant nous en perspective, soit de hautes montagnes boisées, à cimes couvertes de neige, à pyramides élancées, à obélisques

---

(1) Parmi ces cascades, celle de Chède est la plus remarquable : pour la voir, nous quittâmes un instant notre modeste char, et, sous la conduite d'un petit Savoyard, nous gravimes un sentier raide, étroit et glissant, qui nous mena vis-à-vis la cascade. De l'endroit solitaire où nous étions, nous vîmes un beau volume d'eau s'élancer d'une crevasse de la montagne, et se précipiter dans un gouffre en entonnoir, d'où elle rejaillissait en sauts répétés sur un lit de rochers d'une pente rapide. Ce vallon profond au dessus duquel nous plongions, ces montagnes qui nous surplombaient, le bruit, le tumulte de la cascade au milieu de cette solitude, formaient avec les contrastes et les harmonies du lieu un ensemble ravissant.

dressés, qu'un chapeau de nuages coiffait de temps à autre, soit de coteaux plus ou moins fertiles et cultivés, tous 'sites extraordinaires, où l'on semble séparé du reste de la terre; nous voilà enfin parvenus sans danger à Chamouny, où nous sommes descendus à l'hôtel de *l'Union.* Là, nous nous restaurons d'un rapide déjeuner, dont l'excellent miel de la vallée faisait partie, et montés ensuite sur de paisibles mulets, nous nous acheminons, précédés de nos guides, vers le Montanvert, dont l'élévation est d'environ mille toises au-dessus de la mer, et de quatre à cinq cents au-dessus de la vallée. Nous le gravissons péniblement à l'aide des jambes sûres et nerveuses de nos montures, qui ont su, à travers les sentiers les plus périlleux, nous amener sains et saufs sur le plateau couvert de verdure où se trouve la petite maisonnette, ou ermitage, construite dans ce lieu pour servir d'abri et de repos aux voyageurs. Nous y entrâmes pour nous réchauffer, et prenant le registre où l'on inscrit son nom et les réflexions que le lieu vous suggère, nous nous amusons à le parcourir, et nous y trouvons, entre autres, les vers suivans, imités de Boileau :

C'est en vain qu'en grimpant un faible voyageur
Pense du Montanvert atteindre la hauteur :
S'il n'a reçu du ciel la force nécessaire,
Et d'un jarret nerveux le secours salutaire ;
Si son astre en naissant ne l'a formé marcheur,
En vain, dans sa pesante et pénible lenteur,
Veut-il hâter sa course et sa marche tardives,
Il s'arrête, accusant ses deux jambes rétives,
Et regardant alors tristement le sommet,
Jure de ne jamais revenir sans mulet !...

                         ABEL RÉMUSAT.

Quittant la maisonnette, nous descendons, à l'aide de longs bâtons à pointe ferrée, sur la mer de glaces, ce phénomène merveilleux si universellement admiré, et dont on ne peut guère se faire une idée sans le voir. Qu'on se figure une mer en courroux, dont les vagues amoncelées et plus ou moins soulevées par la tempête, seraient tout à coup solidifiées par une forte gelée. Cette mer de glaces s'étend à plusieurs lieues derrière l'aiguille verte et l'obélisque du Dru, qu'on voit se dresser devant soi à une hauteur prodigieuse. En nous promenant sur ses flots glacés, au milieu d'une multitude de pointes et d'éminences, de crevasses et d'anfractuosités, nous trouvons beaucoup de blocs de granit d'un beau grain. Nous remontons ensuite à la maisonnette, où nous prenons d'excellent lait, et nous nous dirigeons ensuite le long du glacier des Bois, qui provient de la mer de glaces, et en descend sous forme de cascade parabolique jusqu'au village des Bois. Avant d'arriver à la partie inférieure, nous trouvons la source de l'Arveyron sous une voûte épaisse de glaces. A cette source viennent se réunir différentes cascades qu'on voit tomber de différens côtés, le tout pour se jeter dans l'Arve au bout d'un court trajet.

« Reprenant nos mulets au village ci-dessus nommé, nous arrivons à l'hôtel à cinq heures et demie. Après dîner, petite promenade du côté des glaciers des Bossons, dont les pyramides se montrent à travers une masse de sapins et de mélèses, et près desquels se trouve la cascade des Pèlerins. C'est de ce côté qu'on monte pour faire la grande ascension du Mont-Blanc. La partie opposée de la vallée offre une chaine d'autres montagnes élevées et boisées, et c'est au milieu que le torrent de l'Arve, dont la source est peu éloignée, roule ses eaux grisâtres et glaciales sur un lit de pierres de granit, divisé en plusieurs canaux. Le soleil, en se couchant, colora de ses derniers rayons la croupe neigée du Mont-Blanc, qu'on ne distingua plus bientôt qu'à la pâle lumière de la lune.

« Couchés de bonne heure, nous nous endormîmes au tumulte de l'Arve, et le 31 de grand matin, favorisés du plus beau soleil, quoiqu'il fît froid, nous quittâmes Chamouny pour nous rendre aux bains de Saint-Gervais, bel établissement situé dans un lieu sauvage et pittoresque, au fond d'une gorge de montagnes, d'où s'élance avec fracas, sur d'énormes roches, un beau volume d'eau. Cette cascade magnifique forme de suite une rivière rapide, qui coule près des sources chaudes de l'établissement, et qui, au bout d'un assez court trajet se jette dans l'Arve. Les sources sont hydro-sulfureuses, et leur température est de 32 degrés Réaumur.

« Continuant notre route sur un très-joli chemin, nous sommes revenus déjeuner à Sallenche après quoi, repassant par Cluze et Bonneville, nous sommes rentrés à Genève vers les dix heures du soir, enchantés de notre excursion. »

DE GENÈVE A BALE PAR LAUSANNE, BERNE, etc.

Du 2 au 7 août.

Nous restâmes à Genève toute la journée du 1er août. Le temps était au plus beau fixe : aussi pûmes-nous contempler encore à loisir le Mont-Blanc, qu'on découvre fort bien d'une partie des remparts et promenades de la ville, surtout du bastion du Cendrier. Nous visitâmes sur ce bastion un très-beau panorama en relief de toute la Suisse et des pays limitrophes, avec les montagnes, les lacs, les rivières, les vallées et les routes.

Le 2 août, à neuf heures du matin, nous montâmes à bord du beau bateau à vapeur *Le Léman*, et après une délicieuse navigation de quatre à cinq heures, nous nous fîmes débarquer à Ouchy, d'où nous nous rendîmes à Lausanne : nous fîmes douze lieues sur le lac, et en cotoyant ses charmantes rives nous vîmes Coppey, Nyon, Morge, etc.

Lausanne est bâtie sur le penchant d'une montagne qui domine le lac: c'est une fort belle situation ; mais la plupart des rues sont irrégulières.

Dès notre arrivée, nous allâmes nous promener au Signal, d'où l'on jouit d'une des plus belles vues du monde ; on domine à la fois sur Lausanne, sur une grande étendue du lac, sur des rochers et montagnes arides, sur des bois, et sur une belle et fertile campagne, parsemée de châteaux et de maisons de plaisance.

Le soir, nous partîmes pour Berne par la diligence-poste, et nous y arrivâmes le lendemain, à dix heures du matin, après avoir passé par Fribourg, où les sectateurs de Loyola possèdent un vaste établissement.

Berne est la plus belle ville de la Suisse : les rues y sont larges, droites et très-propres; on y voit de belles constructions, de belles promenades, de belles femmes, et de fort beaux sites aux environs.

Nous passàmes par Bienne et Delmonte pour nous rendre à Bâle; et, chemin faisant, nous vimes les lacs de Neufchàtel et de Bienne; au milieu de ce dernier est la petite ile de Saint-Pierre, que Jean-Jacques Rousseau affectionnait tant: ce site, en effet, devait fort convenir au caractère mélancolique du philosophe genevois.

Bâle est une des plus grandes et des plus commerçantes villes de la Suisse: elle est antique, gothique, et divisée en deux parties par le Rhin, qu'on passe sur un grand pont.

Avant de rentrer en France, un mot sur la Suisse. Son sol est le plus admirable qui se puisse imaginer. Les forêts les montagnes, les plaines, offrent autant de jouisnces à l'admirateur de la belle nature qu'elles donnent d'espérance au cultivateur. De nombreux chalets, parsemés çà et là dans les campagnes, réunissant l'élégance et la commodité, attestent la propreté et l'aisance de leurs habitans.

Le Suisse est robuste et plein de santé. Les femmes sont extrèmement fraiches et jolies, elles se mettent, et particulièrement les Bernoises, avec autant de goût que de simplicité; aussi éprouvâmes-nous un grand déplaisir en n'entendant parler que le *dur allemand* à des femmes aussi attrayantes.

Dans aucun pays, la classe moyenne et la dernière classe ne sont plus heureuses qu'en Suisse; contraste bien frappant avec un pays voisin, l'Italie, où le paysan est si malheureux, si mal vêtu et si mal nourri. La cause de cette différence n'est pas difficile à trouver. Le paysan en Italie travaille pour son évêque, pour son curé; il faut 60,000 fr. par an au premier, 12 ou 15,000 fr. au second. Il n'est guère de ville qui n'ait son évêque, et le plus misérable village son curé. Ajoutez à cela une nuée d'ordres mendians dévorant à peu près ce qui lui reste, et le réduisant à manger pendant toute l'année de la bouillie de farine de maïs, et à n'avoir pour toute boisson que de l'eau. Voilà la position de la masse des habitans de la campagne en Italie. En Suisse, au contraire, le paysan, travaillant pour lui, travaille avec beaucoup d'ardeur; son aisance lui permet de donner de l'éducation à ses enfans; il prend part aux affaires de république; le soir, en revenant de la charrue, il quitte ses guêtres, et de cultivateur il devient homme d'État.

Il existe encore un contraste entre la Suisse et l'Italie. Dans ce dernier pays, le peuple aime passionnément le théâtre. Dans presque toutes les villes, il y a des salles de spectacle, la plupart fort jolies, où l'on joue toute l'année. En Suisse, au contraire, peu de salles de spectacle, et encore moins d'acteurs. De ce côté, malgré l'opinion de J.-J. Rousseau, je crois que l'avantage est du côté des Italiens.

Adieu, belle Helvétie! demain nous partons pour la France.

DE BALE A ÉVREUX PAR STRASBOURG, NANCY ET PARIS.
(174 lieues.)

Avant d'arriver à Strasbourg, nous passâmes par Mulhausen et Colmar. Dans la première de ces villes est un quartier tout nouveau, construit avec beaucoup de goût, d'élégance et de symétrie : les maisons y sont à deux étages, et ornées de portiques et de balcons. Le canal de Monsieur passe tout près de ce quartier.

Colmar est une ville très-propre dont les rues sont arrosées par des ruisseaux ; du reste rien de remarquable.

Strasbourg est une des plus belles villes du second ordre : elle est située dans une belle plaine, arrosée par le Rhin et l'Ill, et traversée par cette dernière rivière, dont les quais sont assez beaux ; on y voit plusieurs monumens qui méritent d'être cités :

D'abord le mausolée du maréchal de Saxe par Pigalle, dans l'Église de Saint-Thomas ; comme génie de composition, nous n'avons rien vu de supérieur en ce genre.

La cathédrale, édifice gothique, dont le clocher étonne par sa hardiesse et son élévation ; il faut monter six cent trente-six marches pour arriver au sommet, d'où l'on jouit d'une vue immense.

La salle de spectacle est belle et bien distribuée ; des comédiens allemands y jouent alternativement avec des artistes français.

Le muséum anatomique de la faculté de médecine est bien préparé et bien classé ; dans le même local se trouve le muséum d'histoire naturelle.

Citons encore, pour ses vastes et beaux salons, le grand café du Miroir ; il n'y a que Rome où nous en ayons trouvé de plus vastes.

De Strasbourg à Nancy, nous passâmes par Ittenheim, Vasselonne, Saverne, Phalsbourg (place forte),

Sarrebourg, Blamont et Lunéville. Des hauteurs de Saverne, on jouit d'une vue superbe et étendue.

Nancy, par ses belles constructions, ses promenades, la grandeur de ses rues, la beauté de ses places, l'élégance de ses palais (Préfecture et Hôtel-de-ville), nous a rappelé l'Italie : c'est Milan et Turin réunis.

Enfin, après avoir traversé Bar-le-Duc, Saint-Dizier, Vitry et Châlons-sur-Marne, la Champagne pouilleuse (qu'on plante de sapins), Montmirail (célèbre par la défaite des alliés en 1814), Meaux et Paris, nous avons regagné nos pénates, et retrouvé sur les bords de l'Iton, et notre ciel de plomb et nos villages boueux.

Et si l'amitié et l'amour de la patrie n'étaient de précieux dons du ciel, que de regrets il nous faudrait maintenant donner à l'Italie!.....

L'habitant de Torno, dans sa hutte enfumé,
Aime aussi son pays, dont il est seul charmé!...

Évreux, le 20 novembre 1828.

FIN.

www.ingramcontent.com/pod-product-compliance
Lightning Source LLC
Chambersburg PA
CBHW051715090426
42738CB00010B/1929